经济预期与宏观调控

安子栋　著

科学出版社

北京

内 容 简 介

本书分析了经济主体预期及其影响，讨论了中国预期管理机制的发展与创新，内容包含理论模型与实证分析。在理论模型部分，本书介绍了预期理论的演进，分析了预期在需求侧和供给侧对宏观经济的影响，着重介绍如何在动态随机一般均衡模型中突出预期因素并分析其对经济动态和政策效果的影响。在实证分析部分，本书结合经济预测数据，评估了中国经济预期的各类有限理性特征，测度时变信息粘性并识别其对货币政策效应的影响。基于以上分析，本书梳理了经济预期在宏观调控方面的政策含义，结合国内外政策实践，探讨了我国预期管理的创新和发展。

本书适合经济学领域研究人员、高等院校经济学专业师生参考阅读，可以帮助他们了解经济预期的相关理论和实证分析框架以及预期管理的政策实践。

图书在版编目（CIP）数据

经济预期与宏观调控／安子栋著． 北京：科学出版社，2024. 6.
ISBN 978-7-03-079009-5

Ⅰ．F019. 4；F202

中国国家版本馆 CIP 数据核字第 2024CB9550 号

责任编辑：林　剑／责任校对：樊雅琼
责任印制：徐晓晨／封面设计：无极书装

科学出版社 出版
北京东黄城根北街 16 号
邮政编码：100717
http://www.sciencep.com
北京九州迅驰传媒文化有限公司印刷
科学出版社发行　各地新华书店经销
＊
2024 年 6 月第　一　版　开本：720×1000　1/16
2025 年 6 月第二次印刷　印张：11
字数：210 000
定价：158.00 元
（如有印装质量问题，我社负责调换）

序 一

预期在宏观经济运行和调控中占据核心位置。理解经济主体预期的特征和形成机制，对于研究宏观经济波动和预判宏观政策影响具有重要作用。该书从理论和实证两个角度系统探讨了中国经济预期及其经济影响，并对中国预期管理的发展和创新展开讨论。

该书开篇回顾了从早期预期理论至不完全信息等最新预期理论的演进历程。基于预期理论框架，该书从需求侧和供给侧探讨了预期与宏观经济动态间的关系，并进一步将不完全信息因素引入现代宏观分析框架，阐明微观经济主体预期对宏观经济动态的影响渠道。在理论分析的基础上，该书结合宏观经济预测数据，深入探讨中国经济预期的不完全理性特征，总结预期形成机制，并系统评估其对政策作用的影响。

该书讨论了预期管理在现代宏观调控中的重要作用。一方面，政府可以通过引导经济主体的预期来影响其决策，从而放大传统宏观调控政策的效果。另一方面，还可以通过信息沟通和预期锚定创新政策工具与传统政策工具协调配合，提高宏观调控的前瞻性、科学性和有效性。近年来，预期管理工具的发展强调了政策信号传递和政策目标前置的重要性，带来了宏观政策实践的深刻变革。预期形成和管理已成为当前经济学研究的重要前沿话题之一，具有重大的理论和现实意义。

预期研究不仅是经济学研究的重要课题，更是现实经济运行中不可忽视的因素。该书能为读者提供一个较为全面的视角，帮助读者更清晰地理解预期在宏观经济运行和调控中的核心作用，并为预期管理的理论研究和政策实践作出贡献。

郑新业

中国人民大学

2024 年 1 月 1 日

序　二

在宏观经济分析的复杂领域中，预期的形成和影响被视为关键基石。该书深入研究了预期理论的多层面领域，追溯其历史演变，审视其对经济动态的影响，并细致研究了它在当代宏观经济框架中的作用。

这个旅程以对一个基本问题的探索开始：预期是如何形成的？接下来我们将调查预期对宏观经济格局的深远影响，以及在宏观经济政策中预期管理的微妙应用。在沿着历史轨迹前行时，该书引导我们穿越早期的预期理论，从阿尔弗雷德·马歇尔和约翰·希克斯的基础性著作到约翰·梅纳德·凯恩斯的革命性见解。它进一步审视了适应性预期、理性预期及不完全信息预期理论等方面。

在解开预期与经济动态之间错综复杂关系时，该书深入探讨了总需求和总供给的复杂性，以及费利普斯曲线等细微差别，阐明了预期如何塑造宏观经济地形。在转向实证方面时，该书浏览了国内外宏观经济预测数据库，研究了经济预测数据的结构和特征，并对理性预期假设进行了基本测试。

在深入研究了不完全信息和有限理性的复杂性后，该书探讨了预期形成的状态依存性，测试信息摩擦，探索了反应和局限；预期的异质性是研究的重点，调查了预期的多样性和准确性，以及信息粘性对微观经济和宏观经济层面的影响。在全面了解了信息粘性的背景下，该书深入研究了在粘性信息的背景下货币政策的有效性，审查了信息粘性与政策结果之间的错综复杂关系。

该书最后一章考虑了在预期管理方面的国际实践，并剖析了政策信号的传导。该书的独特之处是它探讨了中国预期管理的范式、创新机制，并强调了其发展的重要性。

当我们穿越这些章节时，预期理论在宏观经济学中的全面理解逐渐展现。该书力图为围绕经济动态和政策效果的讨论作出贡献，提供从历史视角到当代实践的见解。

盛旭光

美利坚大学

2023 年 11 月 11 日

前　言

　　中国正处于经济转型的关键阶段，机遇与挑战并存。在全球不确定性增加、国内有效需求不足、社会预期偏弱的背景下，如何稳定经济主体的预期、提高宏观调控的有效性，已成为亟须解决的问题。经济预期及其对宏观经济的影响是一个复杂且重要的研究话题。传统宏观经济模型多假设经济主体具有理性预期，但实证经验表明，现实中的预期形成机制远比现有理论复杂。有鉴于此，梳理经济主体预期特征，研究预期形成过程及其经济影响，从而发展预期管理机制，对完善我国宏观经济治理体系和治理能力具有重要意义。

　　微观经济主体基于可用信息形成对未来经济状况的预期，并据此做出储蓄、消费、生产和投资等决策，这些决策加总构成宏观经济动态，而宏观调控政策则要求微观经济主体形成新的预期并改变决策，因此预期在宏观经济动态和政策传导中占据核心位置。深入研究预期形成机制并发展预期管理机制具有重要的理论和实践意义。

　　历史上，学者们对预期理论开展了一系列研究。马歇尔和凯恩斯等经济学家提出了早期的预期理论，强调预期在经济决策和宏观经济动态中的重要性。20世纪中期，适应性预期成为第一种系统刻画经济主体预期形成过程的理论，然而它假设经济主体完全依据历史信息调整预期，与现实存在较大的偏离。随后，穆斯和卢卡斯等学者提出了理性预期理论，强调经济主体会基于可用信息进行前瞻性预期，但其过于理想化的假设也引发了新挑战。

　　为解决理论和现实的偏差，不完全信息预期理论应运而生。该理论强调经济主体在信息获取上的局限性，包括粘性信息和噪声信息等分支。这些理论考虑了现实中广泛存在的信息摩擦，从而能够更好地解释部分现实预期的复杂特征和宏观经济动态，被广泛应用于研究经济主体决策、宏观经济波动和政策制定中。

　　理论需要通过实证检验来确保其对现实的解释力和预测力。为了检验预期理论能否准确刻画现实经济，学者们进行了大量实证研究。这些研究普遍拒绝了理性预期假设，强调信息摩擦的实际存在。在此基础上，学者们深入分析了预期形成机制，并量化了预期的偏离程度。此外，随着微观预期调查数据的丰富和实证研究的深入，经济主体预期的有限理性、分歧和误差等性质也被进一步验证。

　　本书在借鉴国内外研究成果的基础上，结合自身研究和数据基础，从理论和实证两个方面对中国经济预期及其管理进行了详细研究。首先，聚焦理论模型，本书从总供给和总需求两方面分析了预期在短期、中期和长期内对宏观经济的影响，并将预期纳入现代宏观分析框架，通过构建动态随机一般均衡模型，系统分析预期因素在宏观经济中的动态影响。其次，构建不完全信息预期形成过程的实证检验框架，应用该框架检验中国宏观经济预期的状态依存性、异质性、有限理性，并测度了中国宏观经济中的信息粘性。进一步地，基于扩展模型的理论推论，实证研究预期的粘性信息特征对中国货币政策有效性的影响。最后，在梳理全球预期管理理论和实践发展脉络的基础上，对中国预期管理机制的发展和创新展开讨论。

安子栋

2023 年 8 月 10 日

目　录

第1章 | 绪 论

　　预期在经济运行中发挥着核心作用，它是市场微观经济主体做出经济决策的根本依据，也是宏观经济理论与政策调控的关键因素。微观经济主体基于对现实的认识和对未来的理解形成动态调整的预期，并在此基础上依据目标函数和预算约束形成最优化的经济决策：家庭依据预期选择储蓄、消费和劳动供给，厂商依据预期制定价格、生产计划和雇佣计划，而政策的变化则可以通过影响经济主体的预期来影响其决策。各类微观经济主体决策和行为的加总最终体现为宏观经济动态，这也意味着预期能够影响宏观经济和政策效果，而预期形成机制则是预期管理作为政策工具的理论基础。

　　鉴于预期在宏观经济运行和调控中的重要性，如果只关注政策对宏观变量的直接作用而忽视了其对微观经济主体预期和行为的影响，将导致实际政策效果与设想有很大出入。此外，可以通过对微观经济主体预期的管理来实现对宏观经济的调控，这一方面体现在对传统宏观调控政策效果的放大，另一方面体现在信息沟通和预期锚定等新型宏观调控手段。半个世纪以来，预期形成过程和预期管理工具的发展为世界各国宏观政策实践带来了深刻变革，它强调了政策信号传递和政策目标前置的重要性。在传统宏观经济政策有效性日益降低的背景下，预期管理在现代宏观经济调控中发挥了越来越重要的作用。与此同时，实证经验表明现实的预期形成机制和经济影响远比现有理论所刻画的更加复杂，因此对预期形成和预期管理的研究是当前最重要的经济学前沿问题，具有重要的理论和现实意义。

1.1　预期是如何形成的？

　　经济主体的预期是怎样形成的？具有哪些基本特征？如何刻画其形成机制？这是至今仍无法被完整回答的问题，问题的答案也在不断更新。经济学者在早期便认识到经济主体的预期存在一些共性特征，而这些特征对经济分析而言至关重要。马歇尔在《经济学原理》中指出，"经济学一方面是研究财富的学问，一方面是研究人的学问"。他强调人的心理因素在经济分析中的重要性，并利用预期收益来解释经济主体对当前生产和投资行为的选择。马歇尔对预期的看法对凯恩斯的经济思想产生了深刻影响。凯恩斯进一步强调了预期在宏观经济中的重要性，他利用经济主体的预期变化来解释宏观经济波动，指出政策信号会影响经济主体预期，使其产生乐观或悲观情绪，继而影响其决策。凯恩斯的观点触及了预期的自我实现性，他认为经济主体对未来经济的悲观导致了对投资收益的悲观预期，进而决定减少当前投资，投资的减少则是带来经济衰退的重要原因之一。

在凯恩斯的思想基础上，预期最早以适应性预期（Cagan，1956）的形式被引入宏观经济模型中。适应性预期从本质上讲是一种"后顾式"的预期，它假设经济主体完全依据历史信息来预测未来。尽管这种设定能够模拟出通货膨胀缓慢调整的动态，但其对预期形成过程的机械式的假设备受质疑。在这一假设下，经济主体的预期落后于现实经济动态，当前发生的冲击并不能使经济主体的行为立刻做出调整，这一与现实的明显偏离使其理论意义面临较强的局限。更进一步地，Muth（1961）提出了理性预期的概念，强调经济主体并非单纯基于历史信息形成预期，而是有效使用当前可以获得的所有信息并基于经济学理论对未来做出前瞻性判断，如果不存在意外冲击，经济主体的预期将与经济变量的实现值完全一致，不会存在系统性偏差。

后续研究继续将理性预期假说引入宏观经济分析框架，开启了宏观经济学领域的理性预期革命。Lucas（1976）指出，由于经济主体动态调整的理性预期具有前瞻性，因此任何可以被预见的政策都将是失效的，也不存在由固定参数组成的政策菜单。理性预期革命为经济学带来了新层次的蓬勃发展，但是其对经济主体预期的假设过于理想和偏离现实，没有认识到在现实中经济主体收集和处理信息能力的局限性，这也导致了基于理性预期的宏观经济模型所描述的经济动态与现实存在偏离。

为了解决理性预期假说与现实的偏离问题，后续研究转而关注经济主体在预期形成过程中的不完全信息特征。不完全信息强调了在预期形成机制中经济主体收集和处理信息的过程，认为经济主体理解和使用信息能力的局限性导致了信息的摩擦。依据对信息摩擦理解方法的不同，不完全信息理论具体可分为粘性信息理论（Mankiw and Reis，2002）和噪声信息理论（Sims，2003；Woodford，2003）。粘性信息理论将信息摩擦归因为经济主体在收集信息过程中所选择的理性疏忽（李拉亚，2011a；钟春平和田敏，2015）。它假设经济主体是理性的，但收集信息需要成本，因此出于成本和收益的权衡，经济主体不会选择连续不断地更新信息，而是会理性选择在一定的时间间隔中不去更新信息。粘性信息导致了不同经济主体在掌握信息上的分层次滞后，从而带来了经济主体预期和行为决策的分层次滞后。噪声信息理论则是将信息摩擦归因为经济主体在信息处理能力上的局限性。它假设经济主体不能直接获得与经济运行情况相关的信息，而只能观测到一个包含噪声的信号。由于处理噪声的能力有限，经济主体的最优选择是同时使用新信号和过去的信息，通过分配权重来形成预期。由于在这种预期形成机制下经济主体总是部分基于过时的信息形成预期，因此表现出信息摩擦。

具有信息摩擦的预期使得微观个体决策和宏观经济动态表现出缓慢调整的特征，在一定程度上解决了理性预期假设与现实的偏离。但是，随着实证研究的深入，经济主体预期形成过程中更多复杂的特征被发现，这些特征并不能由原始的不完全信息理论解释。因此在预期形成机制研究的更前沿发展出了一些以行为经济学为基础的理论模型，如基于选择性记忆的诊断预期模型（Bordalo et al.，2020）有助于解释个体层面预期的过度反应；再如基于短视性的认知折扣模型（Gabaix，2020）有助于解释个体对远期政策变化反应较小的情况。这些模型在特定问题上有所建树，但都无法全面包含之前所有模型的优点，这也说明对于经济主体预期形成机制的刻画仍需要长足的发展。

关于预期的形成过程，现有文献总结了以下三个特征。

1）信息摩擦是实际存在的。对微观经济主体预期形成机制的理论刻画同样需要经过现实数据的实证检验，从实证研究中挖掘出的经济主体预期特征也反过来推动了预期形成机制理论的发展。在完全信息理性预期（Full- information Rational Expectations）假设被提出后，大量的实证研究都否定了现实中的经济主体存在这样的预期。这些实证研究大多建立在微观预期调查数据和预测数据的基础上，并大都遵循一个推论：在完全信息理性预期下，经济主体的预期误差仅由随即发生的意料外的冲击导致，因此预期误差应该表现为随机游走，而不能以任何过去的信息来对其做系统性的预测。Nordhaus（1987）将此推论拓展为经济主体的预期修正也不能由之前的任何预期修正进行系统性地预测，使用美国经济预期调查数据和能源预测数据的实证检验表明经济主体的预期显著偏离了完全信息理性预期。

2）信息摩擦是可以被量化的且是状态依存的。虽然以 Nordhaus（1987）为代表的一系列实证研究拒绝了经济主体的理性预期假设，但是其实证结果往往并不能表明经济主体的预期应该遵从何种形成机制。对于这一问题，Coibion 和 Gorodnichenko（2015）直接遵循粘性信息模型和噪声信息模型的设定，将其转换成以预期误差对预期修正回归的实证模型，这一模型不仅可以验证预期是否偏离完全信息理性预期，还可以具体量化其偏离程度。基于美国专业预测者调查数据（Survey of Professional Forecasters）进行实证检验，他们对经济主体预期中信息粘性的水平进行了量化，发现专业预测人员平均约每 4 ~ 5 个月完整更新一次信息。同时，他们还发现美国经济的信息粘性在 20 世纪 80 年代的"大缓和"时期显著上升，而在"911"袭击后的一段时期内显著下降，这也表明了信息粘性具有状

态依存性。后续更多的文献进一步证实了信息粘性的状态依存性，如 Baker 等
（2020）基于全球数据的研究发现在大型意料外冲击下信息粘性水平会降低，An
等（2021）发现在新冠疫情等流行病的冲击下经济主体的信息粘性显著降低。

3）预期是具有异质性的。随着微观预期调查数据的丰富和实证研究的深入，
经济主体预期的有限理性、分歧和误差等性质被进一步地总结。Bordalo 等
（2020）将 Coibion 和 Gorodnichenko（2015）的框架拓展到个体预期层面，发现
经济主体的预期在个体层面显著偏离理性，表现为反应过度或反应不足；An 和
Zheng（2023）关注了经济主体预期的分歧和误差与其信息粘性间的关系，利用
G7 国家微观预测数据的实证研究发现，随着经济主体信息粘性的提高，预期分
歧和误差将逐渐提高。

本书在领域内经典理论和实证框架基础上，利用中国经济预测数据，详细刻
画了中国经济预期的以下特征：①中国经济预期显著拒绝了无偏性和有效性检
验，这意味着预期偏离了完全信息理性预期。②进一步检验结果表明，中国经济
预期在个体层面和共识层面都表现出信息粘性特点，说明经济个体对新信息反应
不足。③对信息粘性的时间序列量化研究表明，经济主体预期的信息粘性具有明
显的状态依存性。④微观个体具有显著的异质性，深入研究表明信息粘性对预期
分歧和准确性产生影响。对中国经济预期各种特点和性质的梳理可以完善对中国
经济预期的认识，同时还支持对预期影响宏观经济更深入的分析。

1.2　预期如何影响宏观经济？

预期能够同时在需求侧和供给侧对宏观经济产生深远影响，对预期形成机制
的研究也推动了对宏观经济和政策效应的认识。遵循凯恩斯主义的宏观经济分析
框架，宏观经济总需求由商品市场和金融市场均衡共同决定，其中家庭的消费和
投资行为决定了商品市场的均衡，而家庭的货币需求决定了金融市场的均衡。预
期对家庭的跨期消费、投资和货币需求具有决定性影响。一方面，根据永久收入
理论和终生消费理论，家庭依据其对自身永久收入的预期计划未来的消费路径，
即使当前的经济状况没有改变，预期未来收入的提高也将扩大家庭当前的消费水
平；另一方面，对未来利率变化的预期也将直接影响家庭对消费、投资和货币需
求的跨期安排，因此经济主体的预期直接影响了宏观经济总需求。

预期对宏观经济供给侧的影响可以集中体现在附加预期的菲利普斯曲线上。
菲利普斯曲线由劳动市场的均衡决定，它的贡献在于搭建起名义变量通货膨胀和
实际变量失业率之间的关联，反映了宏观经济的总供给关系。附加预期的菲利普
斯曲线表明，由于厂商和劳动者的行为决策基于其对未来通货膨胀的预期，其对

未来通货膨胀预期的改变将使其相应地提前改变行为决策，因此通货膨胀和失业之间的具体关系由经济主体的预期形成机制直接决定。当经济主体具有理性预期时，由于通货膨胀的变化将被经济主体完全预测，通货膨胀率本身和失业率之间将不再具有相关性；而当经济主体具有适应性预期或是具有信息粘性的预期时，预期调整的滞后性将使通货膨胀率和失业率之间存在反向关系。

理论所描述的预期对经济的这些影响也受到了经验证据的支持。首先，实证研究表明更高的通货膨胀预期会显著提高当期消费，使得当期总需求得以提高（D'Acunto et al.，2016；Dräger and Nghiem，2021；Ichiue and Nishiguchi，2015）。其次，企业会根据预期通货膨胀率对其决策进行调整，从而影响到宏观加总，如更高的通货膨胀预期会导致企业减少现金持有量（饶品贵和张会丽，2015），增加存货水平（饶品贵等，2016），提高价格、增加信贷、减少就业和资本投入（Coibion et al.，2018；Coibion et al.，2020）。最后，预期可能对宏观指标产生决定性的影响，如Eggertsson（2008）认为美国经济大萧条的结束一定程度上是由于美国民众对预期的调整。

在预期的众多经济影响中，预期对政策效应的影响特别值得关注。政策对经济产生影响的过程需要经过由政策冲击的发生至目标变量改变的完整传导过程。该过程在根源上是微观经济主体在接收到政策影响和市场信号后形成新的预期并据此调整其经济决策，这些经济决策的调整最终加总为宏观经济变量的改变。因此，预期在政策有效性中发挥着决定性作用，对政策有效性影响因素的研究应将预期置于核心位置。Boivin和Giannoni（2006）及Boivin等（2010）发现，在1980年之后，货币政策有效性下降，而这种转变是由政策行为和经济主体预期的改变造成的。Caggiano等（2014）及Tenreyro和Thwaites（2016）的研究发现，货币政策在经济衰退时期效果较差。对此，Aastveit等（2017）认为经济主体在经济衰退时期面临更高的不确定性，因此更加谨慎，对政策变化的反应也更弱。苏治等（2019）指出，经济不确定性提高导致经济主体避险情绪上升和需求变动幅度下降，从而削弱了货币政策有效性。鉴于预期对政策效应的决定性影响，已有研究发现的政策效应的时变性和状态依存性可能在很大程度上可由预期来解释。An等（2023）发现经济主体在经济衰退时期信息粘性降低，从而削弱了政策的实际效果。

本书结合中国经济预期的状态依存性特征，进一步拓展构建了一个状态依存粘性信息的动态随机一般均衡模型。数值模拟结果表明信息粘性的提高将使货币政策对实际变量的影响增大，基于外生货币政策冲击和信息粘性时间序列的实证检验也证实了这一结论。这表明经济主体预期的信息粘性与政策效应息息相关，同时具有状态依存性的信息粘性在不同时期的变化可能是导致不同时期政策效应差异的重要原因，这一发现也为预期管理提供了理论基础。

在此基础上，本书通过对比粘性信息预期的动态随机一般均衡模型和理性预期的动态随机一般均衡模型全面分析预期对宏观经济的影响。在理性预期模型中，由于经济主体实时动态调整预期，在货币政策冲击下宏观经济变量将快速做出调整。而在粘性信息模型下，经济主体信息更新的分层次滞后带来预期调整的分层次滞后，从而导致经济主体行为调整的滞后。家庭和厂商行为调整的滞后分别带来了宏观经济的总需求和总供给侧调整的缓慢，因此在货币政策冲击下，宏观经济变量可以表现出更贴近现实的驼峰形的缓慢调整。进一步的分析显示，在高信息粘性下货币政策能够对实际变量产生更大影响。理性预期和粘性信息预期的对比表明，预期形成机制的改变能够带来宏观经济运行的深层次变革，这突出了预期对宏观经济的全方面影响，因此宏观经济分析框架必须纳入预期因素。

1.3 如何将预期管理应用于宏观调控？

在明确了预期的经济影响特别是对政策效应的决定性影响后，预期管理的概念就自然而然被提出。预期管理概念主要包含两方面含义：一方面，政策相关部门应加强政策信号的传递和政策目标的锚定，以此稳定市场预期，避免不一致性，从而减少经济波动，实现稳定价格和经济的目的（徐亚平，2006；Morris and Shin，2008；黄正新和黄金波，2014；洪智武和牛霖琳，2020）；另一方面，基于预期对宏观经济的直接影响，可以通过不改变实际经济变量而仅改变公众预期的方法来调控经济，因此以信息沟通为主要工具的前瞻性指引可以作为重要的预期管理手段，帮助缓解有限政策空间问题，特别是解决零利率下的货币政策失效问题（Bernanke，2020）。

中国是一个重视宏观经济调控和预期管理的大国，五年计划、经济增长目标及中国人民银行的窗口指导都是预期管理的成功经验。在新中国成立特别是改革开放以来，中国经济发展和改革不断深化，政府经济治理能力不断提升，更加重视以预期管理作为重要的现代宏观经济调控手段，稳预期成为"六稳"工作中的重要一环。在新发展阶段，高质量发展的多维度目标对中国的宏观经济治理体系和治理能力提出更高要求，宏观经济政策在维持宏观经济平稳运行和防范系统风险的基础上，还面临着构建高水平社会主义市场经济体制、建设现代化产业体系、全面推进乡村振兴、促进区域协调发展、推进高水平对外开放等目标。

宏观政策工具属于可耗竭资源，而且政策实施伴随巨大成本（Bernanke，2020）。财政政策面临政府预算约束，税率调节过程相对缓慢，债务在匹配偿还能力的同时也需要考虑对未来债务空间的挤占。目前，中国的货币政策正处于

"量价并存"的过渡阶段，数量型货币政策有效性不断降低，而价格型货币政策传导机制仍在发展完善当中。面对多维度目标和有限政策空间的约束，迫切需要在提升现有宏观政策工具的调控效应的同时拓展新的宏观调控手段。根据丁伯根法则，政策数量应大于等于政策目标。预期管理作为宏观经济政策发展前沿，可以发挥巨大的潜力。通过构建制度化的预期管理体系，开发各种预期管理工具（吴振宇和杨光普，2017），可以有效应对宏观调控的多重目标。

另外，当前中国区域间、产业间、城乡间的发展存在差异，宏观政策精准实施难度大、成本高，而以信息沟通为主要措施的预期管理可以更有效地对不同市场进行调控。中国货币政策的目标是"保持币值稳定，并以此促进经济发展"。面对同样的货币政策，不同区域和产业反映的敏感程度、强度、周期存在差异，经济发展水平高、金融市场完善的区域往往对货币政策响应更大。这不但会影响货币政策的执行效果，还有可能进一步加剧区域间经济发展差异（Beraja et al.，2019）。财政政策在不同区域间面临提振经济增长、推动科技创新、发展民营经济、巩固脱贫攻坚成果等不同目标，相应的需要税收、政府债券、财政支出等不同类型的政策工具，而政策的精准实施往往存在制定难度大、实施成本高、效果不确定性高等问题。面对差异化市场和有限政策工具，需要完善不同领域政策与市场间沟通渠道，而预期管理主要依托信息的定向传递和有效沟通，不但具有政策成本低的优势，还能通过影响市场主体经济预期的方式，定向对不同市场进行调控，增强传统货币和财政政策的有效性，实现拓展宏观政策空间的效果。基于以上两方面原因，当前在现有政策工具的基础上，预期管理在中国战略导向和宏观调控中的重要性快速提升。

第 2 章 | 预期理论的发展历程

预期是经济主体对未来的判断，经济主体依据预期形成经济决策。经济学早已认识到预期对于经济活动具有重要影响，有关经济主体预期形成过程的相关理论贯穿了经济学的发展，经历了长期演变和数次重要变革并且至今仍在不断发展。人们对现实经济活动理解的深入推动了预期理论的发展，同时，预期理论的发展也进一步促进了经济学各领域的进步，帮助人们更好地理解经济活动，并且在经济主体决策、市场行为、宏观经济动态和政策制定的相关研究中具有广泛的应用。

本章以马歇尔和凯恩斯的预期思想为起点，梳理预期理论的发展脉络以及适应性预期、理性预期、不完全信息和非理性预期等预期理论的主要内容，着重探讨不同预期理论的适用性和不足，为全面把握经济主体的预期形成过程，以及更进一步研究预期的经济影响奠定基础。

2.1 早期的预期理论

2.1.1 阿尔弗雷德·马歇尔：《经济学原理》

阿尔弗雷德·马歇尔（1842—1924）是英国著名的经济学家，被认为是新古典学派经济学的奠基人和主要代表人物，其主要著作《经济学原理》集中体现了他的经济思想，也体现了他在经济主体预期理论方面的思考和探讨。马歇尔的经济学体系是以人的心理因素和行为模式为基础的，他指出"经济学一方面是对财富的研究，另一方面，也是更重要的方面，是对人的研究"，这是对经济学学科的精妙概括，为后来的经济理论带来了深刻影响。

马歇尔使用预期的概念分析经济主体的生产活动，他指出"预期会涨价的直接结果是使人们积极运用他们全部的生产设备，预期会跌价的直接后果是使许多生产设备闲置起来"。这一分析强调了经济主体的经济决策是依据其预期制定的。虽然马歇尔没有在其经济理论中系统地探讨经济主体预期的形成过程或者影响，但是其关于预期的分析过程为后来的经济学理论发展提供了深刻的启发和基础，引导着后来的经济学家更加关注预期因素在经济中的重要性。在这之中，约翰·梅纳德·凯恩斯就承袭了马歇尔对于资本和组织中预期的作用的观点，并且将预期因素置于其有效需求不足和经济周期分析中的核心位置。

2.1.2　约翰·梅纳德·凯恩斯：《就业、利息和货币通论》

约翰·梅纳德·凯恩斯（1883—1946）是 20 世纪对经济学理论贡献最大的经济学家之一，被后人称为"宏观经济学之父"。凯恩斯的经济学理论集中体现在其 1936 年出版的《就业、利息和货币通论》一书中，其理论直接促进了宏观经济学学科的诞生，并对各国宏观经济政策的制定产生了深远的影响。预期是凯恩斯宏观经济理论体系的基石。在凯恩斯的宏观经济理论中，他开创性地将商品市场、金融市场和劳动力市场结合起来进行分析，三个市场的状态共同决定了宏观经济动态。在这个分析过程中，凯恩斯多次强调了预期因素在每个市场中的重要性。

在对商品市场的分析中，凯恩斯讨论了预期因素对消费和投资的决定性影响。他指出，投资取决于资本边际效率和市场利率水平，若资本边际效率大于市场利率，则投资有利可图，反之经济主体宁愿将资本用于储蓄。而资本边际效率取决于投资的未来总收益，因此对资本边际效率的判断就涉及经济主体的预期因素。当经济主体认为未来投资收益将降低，即资本边际效率将减小的情况下，社会的总投资将减少。在对劳动市场的分析中，凯恩斯强调了价格预期对于厂商的生产和雇佣行为的影响。他指出，如果厂商预期未来产品价格将上涨，那么其将提高当前的产量和雇佣数量，反之情况则相反，因此劳动市场中的就业情况与厂商的预期息息相关。

在对金融市场的分析中，凯恩斯着重论述了经济主体对货币数量的需求，他将经济主体的货币需求分为交易动机、预防动机和投机动机三种因素。其中，交易动机是指经济主体为完成日常的交易活动而需持有的货币数量，预防动机是指经济主体为防止未来的意外开支而提前储备的货币数量，投机动机是指经济主体为从未来投资中获利而持有的货币数量。这三种持有货币的动机共同构成了经济主体的流动性偏好，由于持有货币并不能得到财富的增值，而将货币转化为投资则能取得利息回报，因此利息是持有货币的机会成本，由于流动性偏好，经济主体宁愿承担利息的损失也要持有一定数量的货币。从三种持有货币的动机来看，显然经济主体的流动性偏好与其对于未来的预期密切相关，当其预期未来的风险更大或未来的投资收益更高时，其将分别具有更大的预防动机或更大的投机动机。

2.1.3 约翰·希克斯：《价值与资本》

约翰·希克斯（1904—1989）是一般均衡理论的创建者，他关于无差异曲线和一般均衡理论集中体现在其著作《价值与资本》中，他对经济问题的分析方法和思想，为现代经济学的理论分析奠定了重要基础。希克斯将其一般均衡理论区分为静态和动态的一般均衡，并且着重强调了预期在动态一般均衡中的重要作用。

希克斯对预期概念的探讨主要是从价格角度出发的。希克斯认为，应该在经济的一般均衡中引入预期的概念，因为当考虑经济主体的预期后，当前的供给和需求就总可以被认为是均衡的，此时凡是没有被销售的存货都可以看作是将来的供给，因为如果人们预期未来的商品价格将要上涨，那么他们将选择减少当前的销售而增加未来的销售，即预期参与决定供需的动态一般均衡。

在其理论体系中，希克斯还提出了价格预期弹性的概念，其含义是预期价格的变动比例与当前价格变动比例之比。通过提出价格预期弹性的概念，希克斯进一步强调了预期在动态一般均衡分析中的重要性，他指出，经济主体会根据未来价格上涨的预期调整其当前的行动，当预期未来商品价格上涨，经济主体会增大当前的消费，当预期未来商品价格下跌，经济主体则会减少当前的消费而将其留到未来。希克斯的预期理论强调了预期因素在研究经济动态问题中的重要作用，并且指出了预期对经济的一般均衡的决定性影响，为后续有关预期及其经济影响的研究提供了深刻启发。

2.2 适应性预期

尽管凯恩斯等学者已对经济主体的预期做出较多的早期探讨，但是在这些理论中，预期因素仍是一个模糊的概念，并没有形成对经济主体预期形成机制的清楚刻画，这限制了预期相关理论的深入发展，对此，适应性预期理论提出了一个经济主体预期形成机制的雏形。

Cagan（1956）在关于通货膨胀的研究中首次提出了适应性预期的概念，适应性预期认为预期仅基于过去的经验形成，人们会根据历史来调整对未来的预期，同时基于调整后的预期来改变自己的经济决策，例如，如果上一期的通货膨胀是高的，那么人们会预期未来的通货膨胀保持在高水平。Cagan（1956）以适应性预期的预期形成机制讨论了经济主体预期对通货膨胀动态的影响，其推导结果表明，通货膨胀动态不仅依赖货币当局的货币供给，还依赖于经济主体的预期，如果经济过去的通货膨胀率较高，那么即使货币当局的货币供给稳定下来，经济仍然会存在纯粹由预期推动的通货膨胀。适应性预期被 Phelps（1967）和 Friedman（1968）等学者研究推广，成为研究货币政策和通货膨胀理论的重要组成部分。

适应性预期假说强调历史经验对预测未来的作用，其模型最简化的形式是静态预期：

$$X_t^e = X_{t-1} \qquad (2.1)$$

即经济主体对 t 期经济状态的预期值 X_t^e 完全等同于其上一期的状态 X_{t-1}。在 Cagan（1956）和 Nerlove（1958）对适应性预期的定义中，适应性预期被表示为

$$X_t^e = X_{t-1}^e + \lambda \, \mathrm{Error}_{t-1} \qquad (2.2)$$

式中，λ 为权重系数，$\mathrm{Error}_{t-1} = X_{t-1} - X_{t-1}^e$，即经济主体对经济状态在 t 期的预期值由 $t-1$ 期的预期值及 $t-1$ 期真实值与预期之间的误差值决定。整理可得：

$$X_t^e - (1-\lambda) X_{t-1}^e = \lambda \, X_{t-1} \qquad (2.3)$$

引入滞后算子 L 可得：

$$[1 - (1-\lambda) L] X_t^e = \lambda \, X_{t-1} \qquad (2.4)$$

在满足 $|1-\lambda| < 1$，即不存在过度反应的情况下，上式在等号两边同乘以 $[1 - (1-\lambda) L]^{-1}$，可得：

$$X_t^e = [1 - (1-\lambda) L]^{-1} X_{t-1} \qquad (2.5)$$

如果将滞后项的几何分布形式定义为：

$$\varphi(L) = \varphi_0 + \varphi_1 L + \varphi_2 L^2 + \cdots = \lambda [1 - (1-\lambda) L]^{-1} \qquad (2.6)$$

则有：

$$X_t^e = \varphi(L) X_{t-1} \qquad (2.7)$$

上式表明，在适应性预期中，经济主体对 t 期经济状态的预期值 X_t^e 可被表示为经济状态在 $t-1$ 期及之前所有历史时期真实值的加权平均值。

从上面的分析可以看出，在适应性预期中，经济主体完全依靠过去的经济状态形成对经济变量未来状态的预期，即经济主体相信过去的经济状态在未来一段时间一定会有所持续。这种预期形成机制虽然易于刻画和分析，但是却过于简单，忽视了外生冲击等因素对经济变量的影响。同时，这种预期形成过程也没有体现出经济主体基于可用信息形成的最优分析和判断，而完全将预期形成过程表现为一种机械式的迭代过程。因此，基于适应性预期构建的宏观经济理论面临对新的"滞涨"现象的解释失效，并遭受了理性预期理论的批评。

2.3　理　性　预　期

在 20 世纪 70 年代，西方主要经济体陷入了"滞涨"困境，即失业率和通货

膨胀率双高。当时的凯恩斯主义宏观经济理论认为失业率和通货膨胀率应该存在反向关系，这也是该学派强调的宏观调控的理论基础，而这一理论无法解释新出现的"滞胀"现象。为此，经济学者开展了对宏观经济理论的发展和完善，Phelps（1967）和 Friedman（1968）将适应性预期引入菲利普斯曲线，指出通货膨胀率和失业率存在反向关系是由于短期内经济主体的通货膨胀预期和通货膨胀的真实值存在误差，而在长期经济主体的通货膨胀预期等于通货膨胀的真实值，通货膨胀率和失业率就因此不存在反向关系，从而在理论上允许"滞胀"现象发生。Lucas（1972）、Sargent 和 Wallace（1976）、Fischer（1980）等学者的研究则强调了理性预期对经济的影响，形成了理性预期学派。

Muth（1961）首次提出了理性预期的概念，与后顾性的适应性预期不同，理性预期强调了经济主体预期形成过程中的前瞻性。他指出，具有理性预期的经济主体可以基于所掌握的信息形成对未来经济状态的展望和估计，因此其对未来经济状态的预期不依赖于其历史状态，而是以所掌握的信息和正确的经济模型形成的合理估计值，如果不存在意料外的外生冲击，经济主体对未来状态的预期将完全等于其在未来的真实值。

具体来说，理性预期理论认为经济主体的预期形成过程为：

$$E_t X_{t+i} = f(X_{t+i} \mid \Omega_t) \tag{2.8}$$

式中，X_{t+i} 表示某个经济变量在 $t+i$ 期的状态，Ω_t 表示经济主体在 t 期所掌握的信息，根据理性预期假设，经济主体能够掌握所有相关信息，因此 Ω_t 也可以被理解为在 t 期与经济变量相关的所有信息。$E_t X_{t+i}$ 代表经济主体在 t 期对 $t+i$ 期经济状态做出的预期。

理性预期意味着预期是真实值的无偏估计：

$$X_{t+i} = E_t X_{t+i} + u_{j,t+i} \tag{2.9}$$

式中，X_{t+i} 代表 $t+i$ 期的经济状态的真实值，$u_{j,t+i}$ 是均值为 0 的误差项。

理性预期意味着，在排除外生冲击的影响后，经济主体对经济状态的预期总是等于未来经济状态的真实值，因此无论在短期还是长期，经济主体的通货膨胀预期都不存在误差，从而通货膨胀率和失业率的反向关系不会存在。事实上，由于理性预期理论首次强调了经济主体预期形成过程中的前瞻性，其对经济学理论的革新远不止于通货膨胀问题。

Lucas（1976）提出了著名的卢卡斯批判，其核心思想是所有预期内的宏观经济政策都是失效的，原因是经济主体具有理性预期，其可以预料到政府将对经济采取的干预和宏观经济政策的效果，因此会提前调整相应的预期和经济决策，从而在这样的情况下宏观经济政策是失效的。根据卢卡斯批判的观点，凯恩斯主义宏观经济理论强调的政府宏观调控只会影响经济的名义值，并不会对实际经济变量产生影响。

2.4　不完全信息预期理论

虽然理性预期理论为宏观经济学带来了里程碑式的发展，但是其过强的假设却备受质疑，并且基于理性预期理论的宏观经济模型表现出与现实的偏离。在实证研究方面，自理性预期学派建议在经济学理论中采取理性预期以来，大多数基于现实数据的实证检验都表明现实中经济主体的预期形成过程并不符合理性预期（Nordhaus，1987）；在理论研究方面，在理性预期理论被推广后，一批经济学者采取理性预期和粘性价格假设，表明由于市场摩擦的存在，在理性预期下宏观经济政策仍然具备有效性，形成了新凯恩斯主义宏观经济理论。该理论虽然推翻了货币中性的观念，但对现实中经济现象的解释力却存在不足——现实中通货膨胀在货币政策冲击下的反应为逐渐调整，并呈现驼峰形动态，而在新凯恩斯主义宏观经济模型下通货膨胀的动态是立即调整的，并且不具有惯性（Mankiw，2001）；在特定条件下，新凯恩斯主义宏观经济模型中的通货膨胀率下降能够带来经济繁荣，而这与现实不符（Ball，1994）。这些问题共同指向了理性预期假设与现实过于偏离这一原因，因此，后续的学者对预期理论进一步发展，其中一个最具代表性的方向是不完全信息预期形成过程理论，主要包含粘性信息模型和噪声信息模型两类模型。

2.4.1　粘性信息模型

在理性预期理论的假设下，经济主体能够无成本地获取有关经济变量的完全信息。然而在现实中，信息并不能够无成本地获取，经济主体获取信息需要付出时间和金钱成本。粘性信息模型（Mankiw and Reis，2002）就是从这一角度出发，对经济主体的预期形成过程理论进行完善。

粘性信息模型假设经济主体是理性的，但信息是有成本的。由于获取信息是需要付出成本的，面临获取信息的成本和做出更准确预期能取得的收益之间的权衡。从连续时间的角度看，这意味着理性的经济主体不会实时地获取信息，而是以一定的频率在不同时期更新信息，在经济主体不更新信息的时期，其信息则处于滞后状态，由此就形成了信息粘性。从宏观角度看，这一过程意味着在每个时期经济中都有一部分经济主体掌握的信息处于滞后。

具体来说，假设在 t 期，将信息更新至最新的厂商制定的最优价格为 p_t^*，而在 $t-j$ 期更新信息的厂商会根据滞后的信息制定价格：

$$p_{t-j} = E_{t-j}(p_t^*) \tag{2.10}$$

对于如何确定每个时期更新信息的经济主体的占比，Mankiw 和 Reis（2002）的粘性信息模型采取了与新凯恩斯主义粘性价格模型相同的建模思路，采取 Calvo（1983）的交替定价思想——假设在每个时期，有占比为 δ 的厂商能够更新信息，而其他厂商则继续使用未更新的信息做出预期和经济决策。每个厂商都有相同的概率成为更新信息的厂商之一，厂商是否能够更新信息与距离上次进行信息更新的时间无关。

这一更新信息的方式也意味着，在任意一个时期 t，经济中占比 δ 的厂商在当期更新了信息，占比（1−δ）的厂商没有在时期 t 更新信息，而在这部分厂商中又有占比为 δ 的厂商在上一期更新了信息，因此在总体中有占比为 δ（1−δ）的厂商在上一期更新了信息，以此类推，δ 就决定了经济中不同信息滞后期数的厂商的占比，经济的总价格水平为不同厂商定价的加权平均：

$$P_t = \delta \sum_{j=0}^{\infty} (1-\delta)^j P_{j,t} \tag{2.11}$$

在粘性信息模型中，由于经济主体的信息是逐渐更新的，而经济主体的预期和经济行为又是基于其所掌握的信息，因此经济主体的预期和行为也是逐渐调整的。在一个货币政策冲击发生后，当期更新信息的经济主体立刻认识到冲击的发生并因此调整其定价等各类行为，而其他经济主体由于没有在当期更新信息则继续保持之前的经济决策不变，随着时间推移，越来越多的经济主体分批次认识到货币政策冲击的发生并相应调整其经济行为。这一过程从宏观层面来看，就表现为经济动态的缓慢调整，即在货币政策冲击发生后经济变量立刻进行一定幅度的调整，而后随着时间推移逐渐继续调整。相比于基于理性预期的粘性价格模型，粘性信息模型能够取得更符合现实的经济动态。

粘性信息模型的另一个优势是它经得起麦卡勒姆批判。McCallum（1998）批评了新凯恩斯主义的粘性价格模型，理由是它违反了自然率假说，该假说的含义是没有通货膨胀政策或货币创造方案能够使经济永久保持高产出。粘性价格模型未能免于这一批评，因为持续下降的通货膨胀政策将使产出持续保持高位。相比之下，粘性信息模型则能够应对麦卡勒姆批判，因为随着时间的推移，当经济中所有经济主体都更新信息并认识到政策规则后，所有的经济主体会将经济行为调整到一致水平，从而经济变量回归稳态。

2.4.2　噪声信息模型

不完全信息预期理论的另一个重要方向是噪声信息模型。Woodford（2003）、Sims（2003）等学者的研究从相似的角度考察经济主体预期形成过程中的信息摩擦，提出了一种噪声信息模型。在理性预期假设中，经济主体可以获得有关经济变量真实状态的信息，然而在现实中，经济变量的真实状态是难以准确观测的，在这种情况下经济主体的预期形成过程将发生变化，噪声信息模型就是从这一角度对预期理论进行完善。在该模型中，经济主体是理性的，但是受信息摩擦的限制，其无法了解真实的经济状态，而只能获取一个有关真实经济状态的包含噪声的信号作为替代，在此情况下经济主体依据卡尔曼滤波形成对经济变量的估计，因此其预期由前一期估计值的预测值和最新的噪声信号两部分组成。

具体来说，从标准新凯恩斯主义宏观经济模型的垄断竞争厂商假设出发，厂商依据其对市场价格和产出的预期进行定价，与新凯恩斯主义宏观经济模型的区别在于，考虑信息摩擦的影响后，厂商对市场价格和产出的预期并非一致而是特质的：

$$p_t^i = E_t^i(p_t) + \xi E_t^i(y_t) \tag{2.12}$$

式中，p_t^i 表示厂商 i 在时期 t 的定价；E_t^i 表示厂商 i 在时期 t 的特质预期；$E_t^i(p_t)$ 表示厂商 i 对时期 t 的市场平均价格的特质预期；$E_t^i(y_t)$ 表示厂商 i 对时期 t 的市场产出的特质预期；ξ 为大于 0 的参数；所有经济变量均以对数形式表示。

假设名义产出偏离稳态的比例为 q_t，并且 q_t 遵循持续性为 ρ 的 AR（1）过程：

$$q_t = \log\left(\frac{P_t Y_t}{\bar{Y}}\right) \tag{2.13}$$

$$q_t = \rho q_{t-1} + w_t \tag{2.14}$$

根据式（2.12）计算所有厂商的平均定价，即市场平均价格 p_t，并将式（2.13）表示的 q_t 代入，得到：

$$p_t = \xi \int E_t^i(q_t) \, di + (1-\xi) \int E_t^i(p_t) \, di \tag{2.15}$$

式（2.15）表明，在经济主体的预期具有特质性的情况下，市场平均价格水平由经济主体对产出和价格变化的特质预期的加权和决定。在式（2.15）中，等式两边都包含 p_t，因此将 p_t 以迭代预期表示，最终得到：

$$p_t = \xi \sum_{k=1}^{\infty} (1-\xi)^k q_t^{(k)} \tag{2.16}$$

式中，$q_t^{(k)}$ 表示经济主体对 q_t 的 k 阶平均预期。式（2.16）表明，噪声信息模型下市场平均价格可由经济主体对产出变化的高阶预期加权和表示。

接下来考察经济主体对 q_t 的预期是如何形成的。在噪声信息模型假设下，由于经济主体处理信息能力的限制，在任何时期，经济主体都无法了解经济状态 q_t 的真实值，而是能获取一个与其有关的包含噪声的特质信号 z_t^i：

$$z_t^i = q_t + v_t^i \tag{2.17}$$

式中，v_t^i 表示均值为 0 的高斯白噪声。在这种情况下，经济主体依据卡尔曼滤波形成对经济变量 q_t 的预期：

$$E_t^i(q_t) = Gz_t^i + (1-G)E_{t-1}^i(q_t) \tag{2.18}$$

$$E_{t-1}^i(q_t) = \rho E_{t-1}^i(q_{t-1}) \tag{2.19}$$

式中，G 为卡尔曼增益。式（2.18）和式（2.19）表明，在经济主体只能获得有关经济变量的噪声信号情况下，在每个时期，经济主体依据卡尔曼滤波形成其对经济变量的预期，该预期由两部分组成，经济主体将 G 的权重分配给每个时期最新的噪声信号 z_t^i，将 $1-G$ 的权重分配给上一个时期预期的迭代。当最新的信号 z_t^i 能完全反映经济变量的真实状态时，$G=1$，经济主体此时完全依赖信号形成预期；当最新的信号 z_t^i 包含噪声时，$G<1$，经济主体部分依赖上一个时期预期的迭代形成预期。Sims（2003）将这一过程总结为理性疏忽，即由于处理信息需要成本并且经济主体处理信息的能力有限，经济主体将预期形成过程中的部分权重分配给过去预期的简单迭代。在噪声信息模型下，由于信息摩擦的存在，名义冲击可以对实际变量产生影响，因此基于噪声信息预期形成过程的宏观经济模型同样可以产生现实中货币政策冲击下实际变量逐渐调整的动态。

2.5 本章小结

本章对预期理论的发展进行了全面的梳理，以早期的马歇尔、希克斯和凯恩斯的预期思想为起点，到适应性预期和理性预期，再到之后的粘性信息和噪声信息的不完全信息预期理论。较早关注预期在经济中的作用的经济学家是马歇尔，他强调了在经济学研究中关注经济主体预期和行为的重要性，并基于预期因素讨论了经济主体的生产活动；希克斯强调了预期对于经济的一般均衡的决定性作用，并且讨论了预期价格变化对经济动态的影响；凯恩斯将预期因素作为其宏观经济理论框架的重要内容，系统地阐释了预期因素在商品市场、劳动市场和金融市场三个市场对经济主体的经济决策的影响，并且将预期因素作为推动经济周期的重要因素。

马歇尔和凯恩斯的预期思想虽然在多个方面强调了预期对于经济活动的重要影响，但是并没有提出具体的经济主体的预期形成机制。随着经济学的数理和模型研究的深入，适应性预期给出了一个系统性刻画经济主体预期形成机制的雏形，在这种预期形成机制中，人们完全根据已发生的事件形成对未来的预期，因此其也被称为后顾性预期。基于适应性预期搭建的宏观经济模型无法解释新的"滞涨"现象，由此兴起了理性预期理论，这一理论强调了经济主体预期形成过程中的前瞻性，认为人们还会依据当前所有的信息形成对未来的预测和判断。预期的前瞻性的引入为宏观经济学带来了里程碑式的发展，但是理性预期理论的假设过强使其与现实产生太多的偏离。在此基础上，粘性信息理论和噪声信息理论强调了经济主体预期形成过程中的信息摩擦，这些理论在解释现实预期的复杂特征上取得了进一步的成果。尽管人们已经认识到，与复杂的现实相比，这些现有的预期形成机制理论都显得过于简单，但是经济学研究对于预期形成机制的不断完善和发展，极大地推动了经济学理论的进步，并带来了丰富的现实应用。

第3章 | 预期与经济动态

预期决定了市场主体的经济决策。微观经济主体依据其对经济运行规律的理解构建分析框架，以分析框架为基础形成对未来的预期，依据预期和目标进行经济决策并实施经济行为。微观经济主体行为的加总表现为宏观经济动态，消费者依据对收入水平、就业前景和物价水平等因素的预期形成消费和储蓄决策，这些决策的加总构成了宏观经济中的总需求；厂商依据对市场需求、竞争状况和利润水平的预期形成雇佣、投资和生产决策，这些决策的加总构成了宏观经济的总供给。总需求和总供给两端共同决定了宏观经济的均衡与波动，因此，预期在经济学研究和宏观经济分析中占据着核心地位。

本章将深入讨论预期和经济动态之间的关系，分析预期在各类经济主体决策和行为中的作用和影响，具体从总需求和总供给的两端入手，阐明预期通过怎样的渠道影响经济的哪个组成部分，进而影响各宏观变量。

3.1 预期与总需求

凯恩斯于 1936 年出版的《就业、利息和货币通论》一书中，采用总量分析的方法，建立了现代宏观经济学的理论体系。他指出了总需求在宏观经济分析中的重要性，率先将宏观经济的商品市场、金融市场和劳动力市场三个市场结合起来分析，其中商品市场和金融市场的均衡决定了经济的总需求水平。后续的凯恩斯主义经济学学者在此基础上将其进一步明确为 IS-LM 模型，并将其用于短期经济波动分析。本节将以 IS-LM 模型为基础推导经济的总需求曲线，并以此分析影响预期以及其他因素对宏观经济总需求的影响。

3.1.1 商品市场均衡：IS 曲线

IS-LM 模型由 IS 和 LM 两条曲线组成，其中 IS 曲线由商品市场的供需均衡导出，描述了利率和总收入之间的反向关系。当商品市场达到均衡时，总需求等于总供给，假设一个只有家庭和厂商的两部门封闭经济，则经济中的商品总需求由家庭的消费（C）和投资（I）构成：

$$Y = C + I \tag{3.1}$$

消费受很多因素影响，其中最主要的是可支配收入，这里不考虑税收和转移支付，收入即为可支配收入。当收入上升时，人们会购买更多的商品和服务，当收入下降时，人们会减少消费。二者间的关系可以用简单的线性方程来表示：

$$C = c_0 + c_1 Y \tag{3.2}$$

式中，参数$c_0 > 0$包含了家庭维持生存所需的必要消费，即使当期收入为0，家庭依然会动用储蓄或以借贷的方式来支付。参数c_1是边际消费倾向，衡量的是一单位收入增加对消费的影响，一般来说$0 < c_1 < 1$，如果$c_1 = 0.4$，那么当收入增加100元时，消费将增加100元$\times 0.4 = 40$元。从现实情况来看，这种假设虽然简单但是具有其合理性。

投资同样受很多因素影响，其中最主要的是市场需求水平和利率。当厂商面临市场需求增加时需要扩大生产，就需要追加投资以扩建厂房或购置机器。厂商追加投资就意味着需要向银行贷款或者发行企业债券，这一决定势必受到利率的影响，利率越高，需要支付的利息就越高，企业就越不愿意追加投资。这一关系同样可以用简单的线性方程来表示：

$$I = \beta_0 + \beta_1 Y - \beta_2 r \tag{3.3}$$

式中，参数$\beta_0 > 0$是维持厂商运行的必要投资。参数$\beta_1 > 0$表明投资会随着市场需求，或者说产出的增加而增加。在短期，暂时忽略生产过程，假设产出由需求端决定，即无论需求如何增加，厂商都会相应地提高产出以满足市场需求。参数β_2前的负号表示投资会随着利率上升而减少，这是由于经济主体的投资行为取决于投资收益和成本的权衡，投资收益以资本边际效率衡量，成本则是由利率来衡量，只有当资本边际效率高于利率时投资行为才有利可图，经济主体才会选择投资，因此随着利率的提高，资本边际效率高于利率的部分越来越少，投资将会减少。

从另一个角度考虑，在商品市场的供求均衡中，利率起到决定性的调节作用。当商品市场达到均衡时，总需求等于总供给，结合以上各式可以得到此时利率和均衡收入的关系：

$$r = \frac{c_0 + \beta_0 - (1 - c_1 - \beta_1) Y}{\beta_2} \tag{3.4}$$

式（3.4）表明，在均衡状态下，利率和产出存在反向关系，其影响过程可以总结为：利率上升导致了投资减少，投资减少导致总需求和产出减少，而产出减少通过乘数效应进一步减少投资和消费。这一均衡关系即为IS曲线（图3.1），除了家庭维持生存所需的必要消费和厂商维持运行的必要投资外，IS曲线的截距和斜率会受到边际消费倾向（c_1）、投资对产出的反应系数（β_1）和对利率的反应系数（β_2）影响，而这些系数的大小则主要由经济个体的预期决定。

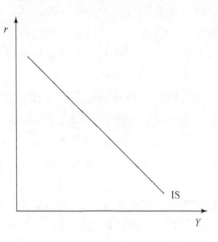

图 3.1　IS 曲线

3.1.2　金融市场均衡：LM 曲线

LM 曲线由金融市场的供需均衡决定，描述了总收入和利率之间的正向关系。凯恩斯认为，对货币的需求取决于经济主体的流动性偏好，流动性指的是某种资产转换成其他资产形式的难易程度。流动性偏好是经济主体宁愿舍弃利息也要持有货币的原因，具体包括交易动机、预防性动机和投机动机三种心理动机。交易动机是指经济主体需要持有流动性强的货币来满足日常的交易活动需要，当经济主体的收入增加时，可以合理假设其相应的交易需求将增加，因此认为经济主体对货币的交易动机需求随着其收入的增加而增大。预防性动机是指经济主体为防止意外支出而预先存有流动性强的货币，随着经济主体收入的提高，可以假设其需要应付的意外支出也将增大，因此假设经济主体对货币的这一部分需求也与其收入正相关。投机动机是指经济主体持有流动性强的货币以抓住更好的投资机会，随着利率的增加，经济主体持有这些货币的成本增加，收益高于利率的投机机会也将减少，因此假设经济主体对货币的这一部分需求随着利率的增加而减少。结合以上分析，将经济主体对货币的需求（M^d）刻画为：

$$M^d = \gamma_1 Y - \gamma_2 r \tag{3.5}$$

式中，参数 $\gamma_1 > 0$ 表示经济主体对货币的需求会随收入的提高而增加，包括出于交易动机和预防性动机而持有的货币；参数 γ_2 前的负号表示货币需求随利率的上升而减少，包括出于投机动机而持有的货币。

货币供给方面，假设名义货币供给量（M^s）是外生的，由中央银行决定，在给定的价格水平（P）下，实际货币供给量（M^s/P）也是外生给定的。当金融市场达到均衡时，货币供给等于货币需求，则有：

$$r = \frac{\gamma_1 Y - M^s/P}{\gamma_2} \tag{3.6}$$

式（3.6）表明，当金融市场达到均衡时，利率与收入正相关。在给定的价格水平（P）下，随着总收入的提高，利率需要相应提高以保证经济个体愿意持有的货币量与中央银行提供的货币供给相等，这一均衡关系即为 LM 曲线（图 3.2）。当货币供给（M^s）上升或价格水平（P）下降时，实际货币供给（M^s/P）相应上升，LM 曲线相应地向下移动。LM 曲线的截距和斜率，以及 LM 曲线在货币政策或价格水平变化下平移的幅度都受到货币需求对收入的反应参数（γ_1）和对利率的反应参数（γ_2）的影响，而基于交易动机、预防性动机和投机动机三种持有货币的心理动机，这些反应参数都是由预期因素决定的。

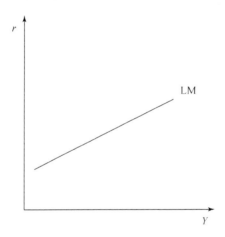

图 3.2　LM 曲线

3.1.3　短期均衡：总需求曲线

经济的总需求由商品市场和金融市场的均衡条件共同决定，IS 与 LM 曲线的交点就代表了在给定的价格水平（P）下，经济的均衡总需求水平。总需求曲线则描述了当价格水平发生变化时，需求和价格之间的反向关系。给定名义货币供给，当价格水平提高时，实际货币供给下降，LM 曲线随之向上移动，在 IS 曲线保持不变的情况下，总需求水平随之降低（图 3.3）。由商品市场均衡条件（3.4

式）和金融市场均衡条件（3.6 式）可得：

$$Y=\frac{\beta_2}{\gamma_1\beta_2+\gamma_2(1-c_1-\beta_1)}\times\frac{M^s}{P}+\frac{\gamma_2(c_0+\beta_0)}{\gamma_1\beta_2+\gamma_2(1-c_1-\beta_1)} \qquad (3.7)$$

基于以上推导过程，除了可以分析总需求与价格间的反向变动关系外，也能够梳理总需求曲线的影响因素，鉴于总需求曲线由 IS-LM 模型推导得出，因此所有影响 IS-LM 曲线的因素，包括边际消费倾向、投资对产出和利率的反应参数、货币需求对收入和利率的反应参数及其背后的预期因素都将对总需求曲线产生影响。

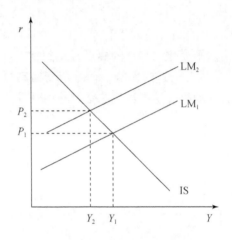

图 3.3　IS-LM 曲线的移动

3.1.4　预期与经济主体行为

由于总需求曲线是基于 IS-LM 模型推导出的，因此影响 IS 和 LM 曲线的因素都将对总需求曲线产生影响。回顾 IS 和 LM 曲线的推导过程，可以更清晰地看到，总需求曲线受经济主体的消费、投资和货币需求的影响。在模型设定中，总需求具体受到边际消费倾向、投资对产出和利率的反应参数、货币需求对收入和利率的反应参数等因素影响，而经济主体的预期就在各个方面发挥作用。

在上一节中，式（3.2）是对经济主体消费决策最简单的抽象，它虽然体现了其最主要的特点，即经济主体的消费与当期的收入呈正相关关系，但与现实相比却过于简单，很显然消费决策依赖更多的因素，特别是对未来的预期。在早期的消费理论中，预期的重要性就已经有所体现，米尔顿·弗里德曼的持久收入理论强调经济个体在进行消费决策时不仅考虑当前收入，还会考虑未来的收入；弗朗哥·莫迪里阿尼的生命周期理论则强调经济个体是以一生为周期进行每一期的消费决策的。

跟随持久收入理论和生命周期理论的逻辑，进一步考虑消费的跨期决策问题。假设经济主体生存两期，并且可以以储蓄或贷款的形式进行收入的跨期转移。如果经济主体在第一期选择将收入分配为消费和储蓄：

$$Y_1 = C_1 + S_1 \qquad (3.8)$$

那么第一期的储蓄将叠加利息成为第二期可支配收入的一部分，可以用于支付第二期的消费支出：

$$C_2 = Y_2 + (1+r) S_1 \qquad (3.9)$$

将第一期和第二期的预算约束进行叠加，可以得到经济主体的终生预算约束：

$$C_1 + \frac{C_2}{1+r} = Y_1 + \frac{Y_2}{1+r} \qquad (3.10)$$

式（3.10）表明，经济主体将依据其终生收入对其终生消费进行决策，其消费不仅受收入影响，还受到利率的影响。更进一步地，将经济个体的生命周期扩展到无限多期，那么经济主体的终生预算约束可以表示为：

$$C_1 + \frac{C_2}{1+r_1} + \frac{C_3}{1+r_2} + \cdots = Y_1 + \frac{Y_2}{1+r_1} + \frac{Y_3}{1+r_2} + \cdots = \overline{Y} \qquad (3.11)$$

在此基础上引入经济主体预期的作用，经济主体将根据其预期的终生收入（$\overline{Y}$）和未来利率对其一生各阶段的消费进行分配。更进一步地，如果经济主体具有完全理性预期，在不考虑未来出现不可预见冲击的情况下，其对终生收入和利率的预期将是完全准确的，其行为可由下式刻画：

$$C_t = C_t(E_t\overline{Y}, E_t r_1, E_t r_2, \cdots) \qquad (3.12)$$

式中，$E_t\overline{Y}$ 和 $E_t r_j$ 分别表示经济主体在 t 时期对其终生收入和未来利率的预期。在理性预期假设下，预期仅受意料之外的冲击影响，因此在每个时期，经济主体都将以最新受到的意外冲击作为新信息，更新其对终生收入和未来利率的预期，并进一步更新未来的消费计划。更一般地，放宽理性预期假设，式（3.12）表明经济主体的消费将由其预期形成过程决定，因此即使当前收入或利率并没有改变，如果其预期的未来收入或利率发生改变，经济个体会相应地调整其消费计划。根据 3.1.1 节的推导，经济主体消费的改变将使 IS 曲线发生移动，IS 曲线的移动又将进一步导致总需求曲线的移动。以上分析表明，即使产出、价格水平、利率、货币政策等因素不发生变化，只要经济主体的预期发生改变，总需求曲线就会随之发生移动。

对预期通过改变经济主体的投资决策和货币需求进而改变总需求曲线的分析与上述分析遵循相同的逻辑，由于经济主体的投资和货币需求与收入、利率和价格水平密切相关，其对未来的预期将直接影响当前的投资和货币持有，进而通过 IS 曲线和 LM 曲线的移动引起总需求曲线的移动。总体而言，由于预期在经济主体的行为决策中发挥着核心作用，经济主体预期的改变将改变其消费、投资和货币需求行为，这些微观行为改变的加总将影响商品市场和金融市场的均衡状况，并进一步表现为总需求曲线的移动。因此，经济主体的预期对经济的总需求起到决定性的影响。

3.2　预期与总供给

产出在短期内由需求侧决定，在中期则由供给侧决定。总需求曲线仅给出了短期市场均衡下产出随价格的变化而变化关系，如果要进一步确定中期均衡下的产出和价格水平，则需要考虑经济的另一侧——总供给曲线。宏观经济学中的总供给是给定劳动、资本和技术等生产要素所能生产出的总产量，总供给曲线给出了要素市场均衡条件下价格随产出的变化而变化的关系。总供给和总需求的共同均衡最终决定了经济的产出和价格水平。同样的，预期对经济的影响也体现在其对总供给的影响当中。本节将在推导总供给曲线的基础上，通过说明预期在总供给曲线，即菲利普斯曲线中的作用，来阐释预期对供给侧的影响。

3.2.1　价格制定曲线

对价格制定曲线的分析从对生产函数的刻画开始，生产函数描述了投入要素和产出间的数量关系。假设一个经济的生产技术水平为 A，生产要素包括劳动和资本，那么一般化的生产函数可以写成如下形式：

$$Y = A \cdot F(N, K) \tag{3.13}$$

式中，Y 为总产出，N 为总就业量，K 为总资本存量。生产函数中的各投入要素根据其可变性可区分为中期和长期。在长期，生产技术、劳动和资本都具有充足的可变性，技术和资本有充足的时间得到积累，劳动力市场上也有充足的时间达成雇佣双方的有效匹配。

但在中期，通常认为技术水平和资本存量不易发生变化，因此假设它们是不变的常数。这样的假设是合理的，相比于雇佣劳动力的过程，生产技术的进步常被认为是一个缓慢的过程，需要经历从被开发到扩散再到真正被有效应用于生产的各个环节；资本属于存量，投资属于流量，资本存量的变动也常被认为是一个缓慢的过程，需要经历获得贷款追加投资到真正将投资用于购置机器进行有效生产的各个环节。因此，在中期考虑生产端时，沿用奥利维尔·布兰查德在其著作

《宏观经济学》中的设定，将生产函数进行简化，假设不变的 $\overline{A}=1$，$\overline{K}=1$，生产函数的形式被定义为一个单位的劳动力对应一个单位的产出：

$$Y=\overline{A} \cdot F(N,\overline{K})=N \tag{3.14}$$

生产函数（3.14）表明，在中期技术水平和资本存量不变的情况下，宏观经济总产出水平取决于总就业量，接下来对中期经济总供给的分析也将主要转向劳动市场。

经济的总就业量由劳动市场的供需均衡决定。劳动市场的需求方是厂商，厂商雇佣劳动力并获得劳动的边际产出。如果商品市场是完全竞争的，那么产品价格（P）应该等于边际成本，在这样的设定下即为工资（W）。但很显然，商品市场往往并非是完全竞争的，而企业也是可以把价格制定在超过边际成本的水平上从而获得利润。由于制度因素变化较为缓慢，在中期，假设厂商获得利润的能力是固定的：

$$P=(1+m)W \tag{3.15}$$

式（3.15）即为价格制定曲线。其中，m 为价格加成系数，用来衡量企业在不完全竞争市场下的定价权和获得利润的能力。

3.2.2 工资制定曲线

在工人和企业协商工资水平时关心的是实际工资（W/P），而非名义工资，工人关心的是工资可以用来支付多少消费、带来多少效用；企业关心的是名义工资背后的实际生产成本。在协商实际工资时，名义工资（W）和工作期限可以在劳动合同中明确列出，但在工作期限内的价格水平是工人和企业双方都未知的，因此需要基于对价格水平的预期来协商实际工资（W/P^E）。

劳动力市场的供给方是家庭，家庭一方面从劳动中获得负效用，另一方面得到工资收入用于支付消费并获得正效用。虽然实际工资上升会同时带来收入效应和替代效应，但由于充分就业的情况极少发生，可以合理地认为劳动的供给会随着实际工资的提高而增大。如果劳动力市场是完全竞争的，那么实际工资水平应该等于边际产出，只要劳动的边际产出超过实际工资，厂商就会从中获利并增加对劳动的雇佣，直至实际工资等于劳动的边际产出。因此，通常认为劳动力市场属于买方市场。工资的制定主要取决于工人的谈判能力的强弱。从企业的角度出发，工人的谈判能力取决于如果工人选择离开企业，企业快速找到替代者的难易程度；从工人的角度出发，取决于如果工人离开企业，快速找到一份更高工资水平工作的难易程度。可以看出，这两个方面都与失业情况密切相关，更高的失业率会降低工人的谈判能力。相应地，可以定义工资制定函数：

$$\frac{W}{P^E} = 1 - \alpha u \tag{3.16}$$

式中，参数 α 前的负号表示工人的谈判能力随着失业率的上升而下降。根据对生产函数的设定，可以将失业率进一步转化成为产出的函数：

$$u \equiv \frac{L-N}{L} = 1 - \frac{Y}{L} \tag{3.17}$$

假定劳动力（L）在中期内不会发生变化，得到工资制定曲线：

$$\frac{W}{P^E} = 1 - \alpha \left(1 - \frac{Y}{L}\right) \tag{3.18}$$

在中期，产出水平由供给侧决定，随着产出的增加，企业雇佣更多的劳动力导致失业率的下降，工人谈判能力随着失业率下降而上升，可以获得更高的实际工资水平。

3.2.3　中期均衡：总供给曲线

总供给曲线由劳动力市场均衡关系决定，具体可以由价格制定曲线（3.15）和工资制定曲线（3.16）推导出：

$$P = P^E (1+m) \left(1 - \alpha + \frac{\alpha}{L} Y\right) \tag{3.19}$$

实际工资（W/P）的提高带来劳动供给的增大和劳动需求的减少，当二者相等时，劳动市场达到均衡状态，劳动市场的供需决定了均衡实际工资和均衡就业量，由此也就决定了短期内经济的总产出，这揭示了短期内经济的总产出和价格水平的关系，即总供给曲线。

总供给曲线因理论和假设不同存在着三种形态，这三种形态总结起来是预期价格水平（P^E）和产出（Y）的调节能力及决定因素在短期和中期存在差异。产出在短期由需求侧，即商品市场和金融市场决定，在中期由供给侧，即劳动力市场决定。从短期向中期的调节主要由预期价格水平的调节完成，预期价格水平的调节需要时间，在中期与实际价格水平相匹配。

中期的总供给曲线符合古典经济学假设。古典经济学假设名义工资和价格水平等名义变量具有弹性，当价格水平发生变化时，名义工资将进行同步调整，导致实际工资不发生改变。对应到中期的总供给曲线，预期价格水平与价格水平相等（$P^E = P$），式（3.19）可以改写为：

$$1 = (1+m) \left(1 - \alpha + \frac{\alpha}{L} Y\right) \tag{3.20}$$

如图 3.4 所示，此时的总供给曲线为一条垂直线，总产出水平与价格水平无关，仅由企业在定价过程中的加价权和工人在工资协商中的谈判能力决定。在中期，名义变量有充足的时间调整，即使不假设名义变量具有弹性，名义工资也终会与价格水平同比例变化。无论总需求曲线如何变动，都只会影响经济的价格水平，而产出水平始终保持为Y^*。

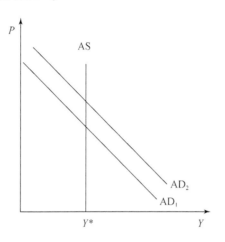

图3.4　中期总供给曲线

短期的总供给曲线符合凯恩斯主义经济学的假设。一方面，凯恩斯主义经济学诞生于大萧条时期，基于当时的经济情况，凯恩斯认为经济存在"有效需求"不足的问题，而在供给侧，劳动力市场存在大量的失业人口和过剩生产能力。另一方面，凯恩斯理论重点关注短期，因此假设名义工资和价格等名义变量具有刚性，当时的事实也表明经济产值改变时，工资和价格并没有改变。

对应到短期的总供给曲线，预期价格水平和劳动力市场在短期都不会发生变化，相应的由失业率决定的产出水平也不会发生变化，式（3.19）可以改写为：

$$P = \overline{P^E}(1+m)(1-\alpha \overline{u}) \qquad (3.21)$$

如图3.5所示，凯恩斯主义的总供给曲线是一条水平线，可以代表一种短期总供给曲线。由于过剩的生产能力和名义刚性，无论有多少需求，厂商都可以在不改变工资的情况下雇佣足够多的劳动力以提供相应的供给。在短期，名义变量和预期价格水平没有足够的时间调整，因此经济可以在保持同一价格水平的情况下实现任何的总产出水平。此时经济的价格水平将始终保持在P^*，总需求曲线的变动将直接体现为总产出的变动，而对价格水平则不产生影响。

一般性的总供给曲线介于古典经济学和凯恩斯主义经济学之间（图3.6）。无论是古典经济学的垂直总供给曲线还是凯恩斯主义经济学的水平总供给曲线，都因其过强的假设而对应了相对极端的情形，前者假定的名义弹性意味着经济不

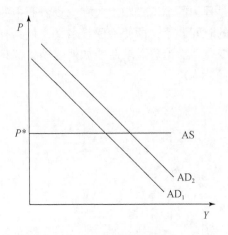

图 3.5　短期总供给曲线

存在摩擦，而后者假定经济存在无穷大的摩擦。在更一般的现实情况下，总供给曲线介于二者之间的情形，由式（3.19）表示。此时经济的总供给曲线为一条向上倾斜的曲线，由产出水平和预期价格水平决定，此时经济存在一定摩擦，但摩擦并非无穷大。一方面，在给定的预期价格水平下，产出的增加将引起就业增加和失业率下降，更低的失业率将提高工人的谈判能力并获得更高的名义工资，生产成本的增加导致企业提高商品价格。另一方面，在给定的产出水平下，预期价格水平的上升将导致名义工资等比例增加，并进一步导致实际价格水平的等比例增加。此时，总需求的变动将导致价格水平和产出均发生变动，价格水平的增长对应着经济总产出的增加（图 3.6）。

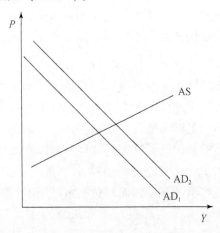

图 3.6　一般总供给曲线

3.2.4 名义摩擦与总供给曲线

式（3.19）描述的总供给曲线基于最常见的价格摩擦假设推导得出，类似的关系可以基于其他摩擦推导得来。考虑在一个不完全竞争市场中，厂商具有制定产品价格并获得利润的能力，对不同厂商的定价行为进行加总获得了宏观价格水平。厂商制定价格取决于两个方面：当前经济的总价格水平和产出水平。一方面，更高的总价格水平意味着更高的成本，因此厂商制定的产品价格应该基于该总价格水平之上；另一方面，以均衡产出为基准，更高的市场需求意味着厂商可以制定更高的价格，因此经济总产出水平的提高使厂商制定的产品价格提高。基于以上两点原因，厂商制定的产品价格可表示为：

$$p = P + \alpha(Y - Y^*) \tag{3.22}$$

进一步，假设经济中存在价格摩擦。价格摩擦的成因可能有多种，例如长期合约理论认为，由于厂商与客户存在长期合约，因此价格不能及时调整；菜单成本理论认为，更改价格是需要成本的，一个例子是厂商更改价格需要更换菜单，因此就产生了成本，由于这个菜单成本的存在，厂商不会随时调整定价；工会工资理论认为，由于劳动者议价能力的存在，厂商不能随意地降低其工资，由此产生的工资粘性导致了价格粘性；还有一些行为经济学的例子指出，在下雨天即使雨伞的需求上涨，小镇的商店也不会随意地调高雨伞的价格，因为需要顾虑他人的评价。类似的支持宏观价格粘性的微观理论不一而足，在宏观的价格粘性下，经济中存在两种厂商：一种厂商具有弹性定价的能力，其遵循式（3.22）及时地调整价格；另一种厂商的定价具有粘性，由于其不能及时调整价格，因此其依据预期的经济状况来提前制定价格：

$$p = P^E + (\alpha(Y - Y^*)^E) \tag{3.23}$$

式中，上角标 E 代表厂商的预期。简单起见，假设粘性定价厂商预期产出处于潜在产出水平，因此，其定价可表示为：

$$p = P^E \tag{3.24}$$

假设经济中粘性定价的厂商占比为 s，则由加总给出的宏观价格水平为：

$$P = (1-s) * (P + \alpha(Y - Y^*)) + sP^E \tag{3.25}$$

进一步推导出市场价格水平与预期价格和产出间的关系为：

$$P = P^E + \frac{(1-s)\alpha(Y-Y^*)}{s} \tag{3.26}$$

至此，就得到了形如式（3.19）的向上倾斜的总供给曲线。对式（3.25）进行对数线性化变化，可进一步转化为通货膨胀与产出缺口之间的关系：

$$\pi = \pi^e + \lambda(\ln Y - \ln Y^*) \tag{3.27}$$

式中，π 为通货膨胀，$\lambda>0$ 是由 s 和 α 决定的合成参数。式（3.27）表明，通货膨胀率由预期通货膨胀率和实际产出对潜在产出的偏离（产出缺口）决定，实际通货膨胀率随着预期通货膨胀率的提高和产出缺口的扩大而提高。进一步地，如方程（3.14）对生产函数的设定，产出水平与总就业人数成正比，给定短期内劳动人口总量不变的情况下，这种关系就变成产出水平和失业率之间的负相关关系，这种关系也被称为奥肯定律，其中潜在产出对应着自然失业率。在式（3.27）基础上应用奥肯定律进行变换，得到：

$$\pi = \pi^e - \theta(u-u^*) \tag{3.28}$$

式中，θ 为一个大于 0 的参数。式（3.28）表明，通货膨胀率和失业率呈负相关关系，这就是著名的菲利普斯曲线，由此可见，菲利普斯曲线和总供给曲线互为形式上的变换，两者本质相同，预期对总供给的影响体现在这一关系当中。

3.3　预期与菲利普斯曲线

相比于总供给曲线所描述的价格和产出之间的关系，菲利普斯曲线所描述的通货膨胀率和失业率之间的关系对于现实中的宏观经济分析而言更为直观，因此其成为宏观经济理论和实践的重点。由式（3.28）可以看出，预期因素作为菲利普斯曲线中的一项，在其中发挥了重要作用。经济学理论对于预期因素的不同看法直接推动了菲利普斯曲线的发展，也逐渐强调了预期对于宏观经济总供给的重要影响，本节将沿菲利普斯曲线的发展脉络对此进行说明。

3.3.1　原始菲利普斯曲线

最初的菲利普斯曲线（图 3.7）是在 1958 年由新西兰的经济学家威廉·菲利普斯（Alban William Phillips）提出，他实证分析了历史上英国的名义工资增长率和失业率的数据，用一条向右下方倾斜的曲线描绘了二者间的关系，即表明名义工资增长率和失业率之间存在负相关关系。

这就是原始的菲利普斯曲线：

$$\ln\left(\frac{W-W_{-1}}{W_{-1}}+a\right) = \ln b - c\ln u \tag{3.29}$$

式中，a，b，c 均为大于 0 的参数。原始的菲利普斯曲线表明，名义工资增长率和失业率之间存在着权衡关系，随着失业率上升，名义工资增长率将会下降；而当失业率下降时，名义工资增长率则将有上行压力。此外，对菲利普斯研究还表明这一关系是非线性的，随着失业率的降低，名义工资增长率的增长速度将变快，当失业率已经足够低时，失业率的进一步降低将带来名义工资的剧增。

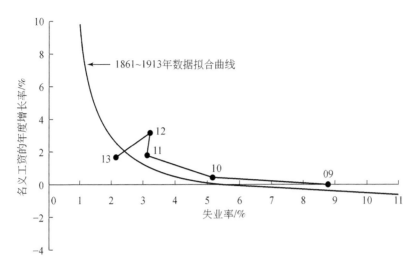

图 3.7　英国名义工资增长率和失业率之间的关系（Phillips，1958）

　　虽然在其原始研究中，菲利普斯并未就该曲线的成因给出理论解释，但菲利普斯曲线首次为名义变量和实际变量之间的关系提供了经验证据。宏观经济学理论的演进伴随着对这两者之间关系的争论，古典经济学采取"古典二分法"，认为名义变量由货币决定，实际变量由实际因素决定，将名义变量和实际变量归为两类无关的领域分开研究；凯恩斯主义经济学认为名义变量可以对实际变量产生影响，但其观点建立在短期名义刚性的强假设下。菲利普斯曲线以经验证据搭建起沟通名义变量和实际变量的桥梁，因此成为宏观经济学研究的重要里程碑，受到了广泛关注并被后续研究不断拓展和演进。

　　萨缪尔森和索洛进一步推动了经济学对菲利普斯曲线的关注，他们将菲利普斯原始研究中的名义工资增长率替换为物价增长率（通货膨胀率），并验证了通货膨胀率和失业率的负相关关系在美国的存在（图 3.8）（Samuelson & Solow，1960）。

　　更一般地，假定商品的价格由成本加成法得到，在其他要素价格不变的情况下，物价水平的变动就完全由工资的变动引起，因此可将物价由名义工资的加成表示：

$$P=(1+m)W \tag{3.30}$$

$$\pi=\frac{P-P_{-1}}{P_{-1}}=\frac{W-W_{-1}}{W_{-1}}=\ln b-c\ln u \tag{3.31}$$

式中，m 为物价加成比例；b，c 均为大于 0 的参数。由此，菲利普斯曲线就转换为通货膨胀率和失业率之间的负相关关系。式（3.31）表明，失业率的下降会带

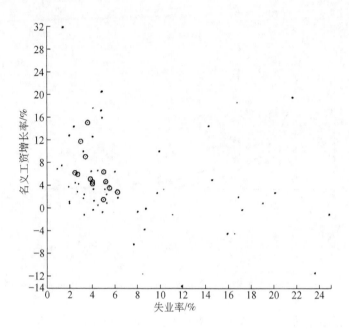

图 3.8　美国名义工资增长率和失业率之间的关系 （Samuelson and Solow，1960）

来通货膨胀率的上涨，而失业率的上升则会带来通货膨胀率的下降。以通货膨胀率替换名义工资增长率后，菲利普斯曲线更直观地体现出其政策含义，通货膨胀率和失业率的这种经验关系被誉为政策制定者的一张方便的"菜单"，当政府希望应对高失业率或是萧条的经济时，他们可以使用扩张性的财政和货币政策，以物价的上涨换取失业率的下降和经济的繁荣；当政府希望遏制通货膨胀时，他们可以使用紧缩性的财政和货币政策，以失业率的上升和经济的冷却换取通货膨胀的减缓。当然，通货膨胀和失业率的这种负相关关系也体现了宏观经济调控的两难，表明难以通过简单的政策手段实现低通货膨胀和高产出的理想经济状态。

尽管如式（3.31）所描述的菲利普斯曲线为政策制定提供了直观的逻辑关系，在实际应用中体现出有效性并主导了当时政策制定思路，但是随着时间的推移，在 20 世纪 70 年代普遍出现的滞涨使这种简单形式的菲利普斯曲线丧失了解释力。滞涨是指经济增长停滞、高失业和高通货膨胀同时出现，这种现象违背了原始的菲利普斯曲线所刻画的失业率和通货膨胀率的反向关系。

菲尔普斯和弗里德曼强调了预期在通货膨胀动态中的重要性，并因此产生了添加预期因素的菲利普斯曲线。菲尔普斯指出原始菲利普斯曲线作为一种纯静态模型的缺陷，厂商和劳动者会预期未来的通货膨胀，其因此做出的前瞻性行为将使菲利普斯曲线发生移动，而菲利普斯曲线的移动又将改变其后续的预期，从而使菲利普斯曲线不断移动，因此一个静态的菲利普斯曲线不足以刻画失业率和通货膨胀的真实动态（Phelps，1967）。为了降低失业率而采取扩大通货膨胀的扩张性货币政策，会使经济主体产生通货膨胀率继续上升的预期，随着现实通货膨胀的提高和预期的不断加强，最终产生工资——通货膨胀螺旋或恶性通货膨胀，因此扩张性货币政策的代价往往会超出施政者的预期。弗里德曼指出菲利普斯曲线的存在并非由于通货膨胀和失业率之间的关系，而是由于经济主体预期外的通货膨胀：在短期，由于经济主体对通货膨胀的预期偏差，在真实的通货膨胀发生后物价上升，而事前确定的劳动者工资却并没有上升到相同幅度，因此厂商的实际生产成本降低，为了追求更多的利润厂商会扩大生产，从而促进了就业，使得失业率降低。经济主体对通货膨胀预期的这种偏差，使得短期内通货膨胀率和失业率表现出菲利普斯曲线所刻画的反向关系。随着时间的推移，由于感受到通货膨胀上升带来的影响，经济主体会不断修正自己的通货膨胀预期，从而使名义工资和物价水平之间的差距不断缩小，这使厂商的实际成本不断提高，最终使得通货膨胀率的提高不再带来失业率的减小，因此表现为在长期菲利普斯曲线失效（Friedman，1968）。

3.3.2 附加预期的菲利普斯曲线

根据 3.2.4 节的推导，考虑预期因素的影响后，菲利普斯曲线可以表示为：

$$\pi = \pi^E - \theta(u - u^*) \tag{3.32}$$

式中，π^E 表示经济主体对通货膨胀的预期。菲尔普斯和弗里德曼考虑了适应性预期，可以简化地认为预期的通货膨胀率等于上一期的实际通货膨胀率（$\pi^E = \pi_{-1}$）。式（3.32）表明，通货膨胀率和失业率之间的关系要考虑预期通货膨胀的影响。

如图 3.9 所示，当通货膨胀率保持不变，或者认为经济主体在中期有能力将通货膨胀预期调节到实际通货膨胀水平，即 $\pi^E = \pi = \pi_{-1}$ 时，失业率保持在自然失业率水平，与通货膨胀率无关，这表明在中期菲利普斯曲线为一条垂线；如果在某一时刻开始，由于外生冲击导致通货膨胀率上升，而短期内经济主体的通货膨胀预期还未来得及调整，即出现 $\pi \neq \pi^E$ 的情况，由于这种预期通货膨胀的偏差，通货膨胀率和失业率表现出原始菲利普斯曲线所刻画的负向关系，因此短期菲利普斯曲线表现为一条向下斜线的曲线，随着时间推移，预期通货膨胀的偏差将逐渐缩小，最终菲利普斯曲线在中期回归到垂直曲线。

附加预期的菲利普斯曲线可以解释原始菲利普斯曲线的失效和经济的滞涨现象。在短期，经济主体对通货膨胀的预期与现实存在偏差，因此通货膨胀率和失业率的负向关系得以成立；当政府过量采用扩张性的政策调控经济并叠加石油等

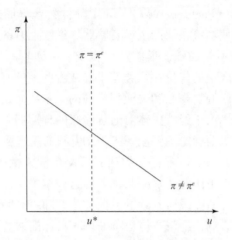

图 3.9　附加预期的菲利普斯曲线

能源价格上涨时，通货膨胀率将持续走高，随着经济主体形成一致的通货膨胀预期，通货膨胀率和失业率的负向关系将彻底消失，此时扩张性的宏观调控政策将只能进一步推高价格水平，而无法刺激需求和产出的增加，因为经济主体已经对不断走高的价格水平有所预期，由此经济就出现了高通货膨胀率和高失业率并存的现象。

附加预期的菲利普斯曲线将原始的菲利普斯曲线由静态模型改造为动态模型，使其对滞涨等复杂的经济现象同样具备了解释力，为菲利普斯曲线和现代宏观经济学的发展开启了一个新的节点。随着预期概念被引入菲利普斯曲线，一个新的问题就自然产生，那就是在菲利普斯曲线以及更广泛的宏观经济理论框架中应该如何刻画经济主体的预期。菲尔普斯和弗里德曼对附加预期的菲利普斯曲线的开创性研究是采用了后顾性的预期，这一假设关注了过去的事件对人们预期的影响，在这种预期假设中，经济主体对通货膨胀的预期由其上一期数值决定，即 $\pi^E = \pi_{-1}$。尽管这种设定能够模拟出通货膨胀缓慢调整的动态，但是其对预期形成过程的机械式假设备受质疑。想象在某一时刻，国家的宏观经济调控部门向所有经济主体宣布了一项史无前例的扩张性宏观调控政策，在这种机械式的后顾性预期假设下，经济主体对通货膨胀的预期形成过程保持不变，这是不切实际的。

基于这种原因，理性预期革命（Lucas，1976）批判了机械式的预期形成过程，关注人们在实际生活中不仅会从过去的事件中总结经验，还会依据经验对未来的发展做出合理推测。因此，经济主体的预期不仅是后顾性的，更应该是前瞻性的，任何外生冲击都会即时影响其对未来的预期。将这种思想推广到极致，即得出理性预期假设：一个理性的经济主体在任意时刻都能够合理地利用所有信息，并根据正确的经济规律对未来做出合理预期，因此如果后续没有外生冲击，经济主体的预期与变量的实现值应该是完全一致的，即对于任意时刻都有 $\pi = \pi^E$，这也表示菲利普斯曲线无论是在中期还是在短期都将失效，通货膨胀率和失业率将不再具有负向关系。

理性预期假设否定了菲利普斯曲线在政策制定上的作用，因为经济主体会预期到政策效果并提前调整自己的行为，所以任何被预期到的宏观调控政策都会随之失效。关于这一问题，一方面，理性预期假设确实建立在一个简洁有力的理论基础之上；另一方面，现实实践表明宏观经济调控政策并非完全失效，通货膨胀率和失业率之间也并非如理性预期假设所表明的毫无关联，这意味着附加预期的菲利普斯曲线存在进一步改进的空间。为此，一部分学者在承认理性预期的重要作用的基础上，将货币非中性诉诸于其他经济摩擦因素，形成了新凯恩斯菲利普斯曲线。新凯恩斯主义吸取卢卡斯批判的意见，接受理性预期假设并重视宏观经济理论的微观基础，其仍然假设市场存在摩擦，但将原先凯恩斯主义的价格刚性假设放松为价格粘性假设。Taylor（1980）提出了交错调整价格理论，认为在一个周期内只有部分工资合同会重新调整，而另一部分工资合同不调整，经济中因此而存在一定程度的工资粘性。在此基础上 Calvo（1983）提出了具有重要代表性的交错定价模型，通过假设每个厂商在每个时期都有一定概率不能调整价格，使模型的加总更易处理并且可以更简便地推广至复杂分析。

在 Calvo（1983）的交错定价模型下，厂商具有理性预期，但是由于摩擦因素存在，在每个时期都有一个固定的概率 θ 选择不去重新定价，因此其重新定价的概率为 $1-\theta$，基于这种原因，厂商在每次重新定价时都应考虑未来无限期的重新定价可能，因此其每次制定的价格都将与未来无限期的最优定价水平有关，这样，一个厂商在 t 期设置的价格可以表示为：

$$x_t = (1 - \theta) \sum_{j=0}^{\infty} \theta^j E_t p_{t+j}^* \qquad (3.33)$$

式中，x_t 为具有价格粘性的厂商在 t 期设置的价格；$E_t p_{t+j}^*$ 为厂商在 t 期对 $t+j$ 的最优定价的预期。式（3.33）表明具有价格粘性的厂商在任一时期的定价为未来无限期的最优定价的加权和。厂商的最优定价取决于当时经济的总体价格水平和产出缺口：

$$p_t^* = p_t + \alpha y_t \qquad (3.34)$$

不同定价滞后期数的厂商占比可由 θ 表示，由于每个厂商在每个时期都面临 θ 的概率不能重新定价，因此在任一时期经济中都存在无穷个分层次滞后的定价及相应的厂商群体，在任一时期经济的总体价格水平为不同定价的加权和，因此经济的价格水平可以表示为：

$$p_t = (1 - \theta) \sum_{j=0}^{\infty} \theta^j x_{t-j} \tag{3.35}$$

式（3.35）表明，在任一时期经济的价格水平是所有滞后定价的加权和，定价滞后越多的厂商占比越小，对经济的总体价格水平影响也越小。将以上所有等式对数线性化，并将产出缺口由失业率表示，迭代式（3.35）并减去滞后项可以得到新凯恩斯菲利普斯曲线：

$$\pi_t = E_t \pi_{t+1} - \frac{\alpha (1-\theta)^2}{\theta} (u_t - u^*) \tag{3.36}$$

式（3.36）表明，当前的通货膨胀与经济主体当前对下一期通货膨胀的预期和失业率有关，并且价格粘性水平是其中的重要参数。新凯恩斯菲利普斯曲线表明，虽然经济主体是理性的，但通过假设市场存在摩擦，可以得到附加预期的菲利普斯曲线的形式，并且通货膨胀率和失业率的负向关系并非总是不存在：在中期，$\pi_t = E_t \pi_{t+1}$，失业率保持在自然失业率的水平；而当外生冲击导致 $\pi_t \neq E_t \pi_{t+1}$ 时，通货膨胀率和失业率在短期表现出负向关系，失业率的上升对应着通货膨胀率的下降，反之亦然。

在接受理性预期假设的同时通过引入市场摩擦来推导出菲利普斯曲线所描述的通货膨胀率和失业率的反向关系，新凯恩斯菲利普斯曲线似乎为这一问题提出了一个完美的解决方案，但是事实上，其仍然存在两点缺陷：第一，在该模型下通货紧缩可能会导致经济繁荣。当政府在某一时刻宣布将采取一段时期的通货紧缩的政策时，具有理性预期的厂商将在同期立刻开始采取行动并提前降低价格以适应新的稳态水平，这种提前调价行为导致这段时期经济的产出反而增加。因此，这表现为政府的紧缩性政策反而扩大了产出和降低了失业率，与现实严重相悖。第二，该模型不能体现通货膨胀惯性和价格的缓慢调整。广泛的实证研究表明，在现代的信用货币制度下通货膨胀具有显著的惯性，而基于理性预期和价格粘性的新凯恩斯菲利普斯曲线则没有任何能够体现出通货膨胀惯性的因素。该模型也不能解释货币政策变动对通货膨胀的延迟和渐进影响，在该模型中由于所有的经济主体都具有理性预期，因此在政策变动的第一时间其行为就开始调整，因此通货膨胀是在政策变动同期突变的，而这与现实中被广泛观察到的政策效应的滞后性和通货膨胀对政策的延迟响应不符。

在此基础上，叠加混合预期的新凯恩斯菲利普斯曲线被提出。在该模型中，经济中的一部分经济主体是具有理性预期的，另一部分经济主体依据后顾性预期制定价格，这样一来，两类预期的经济主体的占比就对经济总体的通货膨胀动态起到决定性影响。由于仅有部分的经济主体是具有理性预期的，因此在一个扩张性的货币政策冲击后，虽然通货膨胀率会立刻上升，但由于后顾性预期的经济主体行为调整存在滞后性，经济总体的价格水平也会产生缓慢调整和惯性。叠加混合预期的新凯恩斯菲利普斯曲线虽然在一定程度上解决了理性预期新凯恩斯菲利普斯曲线所具有的两个重要缺陷，但并非从根本上在预期形成过程方面进行拓展，而是采取了一种折中的解决方式，混合了两种已有假设，引入一定比例的后顾性预期经济主体，也使其无法回避对机械式预期形成过程的批判。

3.4 本章小结

对菲利普斯曲线和更广泛的宏观理论框架进行完善的一个方向是对经济主体的预期形成过程进行更深入的拓展，在继承理性预期假设的思想基础上，合理放松这一强假设。在这方面，Mankiw 和 Reis（2002）提出了粘性信息假设，他们继承了经济主体能够做出理性预期的思想，但通过假设信息的获取和处理是有成本的来更贴近现实的放松理性预期假设。由于信息是有成本的，因此经济主体并不总是更新他们的信息，理性的经济主体在最优化目标下的最优反应是比较应用信息的成本和忽略信息的成本，在成本和收益的权衡之下达成收集一部分信息而忽略另一部分信息的最优化行为，因此经济中就形成了信息摩擦。信息在经济中的缓慢传播带来了通货膨胀惯性和经济变量的缓慢调整，基于这种假设，可以推导出粘性信息菲利普斯曲线。粘性信息假设通过对经济主体预期形成过程的更深入刻画将菲利普斯曲线和现代宏观经济理论框架的微观基础进一步深化，揭示了不完全信息和有限理性在宏观经济动态中的复杂影响，进一步强调了预期和预期形成机制在宏观经济理论中的重要作用，使宏观经济动态产生了新特点，成为后续研究的重要基础。

第 4 章　预期与现代宏观分析框架

卢卡斯批判（Lucas，1976）强调了预期在宏观经济动态中的重要性，否定了基于宏观数据估计固定参数并使用联立方程进行宏观经济分析的凯恩斯主义。为应对这一批判，实际经济周期（Real Business Cycle）理论从微观层面入手，分析微观个体面对技术进步、政府支出等真实冲击时对经济决策的调整（Kydland and Prescott，1982；Long and Plosser，1983；Aiyagari et al.，1992；Christiano and Enchenbaum，1992）。在实际经济周期理论基础上，基于理性预期假说的新凯恩斯动态随机一般均衡模型（New Keynesian DSGE）进一步引入了工资刚性、价格刚性等名义摩擦，分析货币变动等名义冲击对微观个体经济决策的影响。然而，在该类模型中理性预期的假设太过绝对，模型中的宏观经济动态与现实情况不符。面向这一问题，粘性信息新凯恩斯动态随机均衡模型被提出该模型进一步从微观层面考虑预期形成过程中更为基础的摩擦，以信息刚性假设替代理性预期和价格刚性假设，解决了模型无法解释通货膨胀"驼峰形状"的缓慢调整等现实情况的问题（Mankiw and Reis，2002；Reis，2006a，2006b，2009）。

本章将总需求和总供给两端连接起来，从微观基础入手，基于粘性价格假说和粘性信息假说分别构建贴近中国货币政策特征的新凯恩斯动态随机一般均衡（Dynamic Stochastic General Equilibrium）模型，通过对两个模型的比较，突出预期对宏观经济动态的影响。本章还将进一步考察家庭和厂商等不同部门的预期行为对宏观经济动态的影响，以及不同信息粘性水平下经济动态的差异。

4.1　粘性价格模型与粘性信息模型

本节首先沿用 Calvo（1983）的交错价格调整设定构建一个基于理性预期和粘性价格假设的新凯恩斯动态随机一般均衡模型。本节还沿用 Mankiw 和 Reis（2002）的粘性信息设定构建一个嵌入粘性信息假设的动态随机一般均衡模型。为了更贴近中国现实，模型设定突出数量型货币政策规则并将实际货币余额纳入家庭效用函数。通过对两类模型的比较，本节将阐述预期层面摩擦的意义，突出预期在宏观经济动态中的重要作用。

4.1.1 粘性价格模型

本节以 Calvo（1983）的交错价格调整设定为基础建立一个贴近中国货币政策特征的动态随机一般均衡模型。经济由大量完全理性的代表性家庭和厂商组成，但由于粘性价格的存在，厂商不会连续调整定价计划。

（1）家庭

假设经济中有无数个寿命无限的家庭，家庭的效用来自于消费、闲暇和持有实际货币余额。在任意一个时期 t，家庭通过选择其消费 c_t、劳动 n_t、持有的实际货币余额 m_t 和债券 b_t 来最大化其预期终身贴现效用：

$$\underset{\{b_t,c_t,n_t,m_t\}_{t=0}^{\infty}}{\text{Max}} \mathbb{E}_t \sum_{t=0}^{\infty} \beta^t \left(\frac{c_t^{1-\sigma}}{1-\sigma} - \chi \frac{n_t^{1+\nu}}{1+\nu} + \gamma \ln(m_t) \right) \tag{4.1}$$

式中，$\mathbb{E}_t$ 为 t 期的期望算子；$\beta \in （0，1）$ 为家庭的跨期效用贴现系数；σ 为消费替代弹性的倒数；ν 为劳动供给替代弹性的倒数；χ 和 γ 分别为劳动的负效用和持有实际货币余额的效用所对应的权重。每个家庭的预算约束为：

$$c_t + b_t + m_t = w_t n_{i,t} + \frac{R_{t-1} b_{t-1}}{\pi_t} + \frac{m_{t-1}}{\pi_t} \tag{4.2}$$

式中，w_t 为 t 期的实际工资；R_t 和 π_t 分别为总名义利率和通货膨胀率。家庭在 $t-1$ 期持有的债券 b_{t-1} 依据 $t-1$ 期的利率 R_{t-1} 计算利息，在 t 期实现收益。求解理性预期家庭的效用最大化问题，可获得标准的欧拉方程、劳动供给方程和货币需求方程：

$$c_t^{-\sigma} = \beta R_t \mathbb{E}_t \left(\frac{c_{t+1}^{-\sigma}}{\pi_{t+1}} \right) \tag{4.3}$$

$$\chi n_t^{\nu} c_t^{\sigma} = w_t \tag{4.4}$$

$$\frac{\gamma}{m_t} = \frac{R_t - 1}{R_t} c_t^{-\sigma} \tag{4.5}$$

（2）最终品厂商

经济中的厂商分为中间品厂商和最终品厂商。一个代表性的最终品厂商从连续的中间品厂商 $j \in [0，1]$ 手中购买其生产的中间产品 $y_{j,t}$，并使用生产技术将其组装为最终产品 y_t：

$$y_t = \left(\int_0^1 y_{j,t}^{\frac{\varepsilon-1}{\varepsilon}} dj \right)^{\frac{\varepsilon}{\varepsilon-1}} \tag{4.6}$$

式中，ε 衡量不同中间产品之间的替代弹性，当 $\varepsilon \to \infty$ 时，$（\varepsilon-1）/\varepsilon \to 1$，意味着

不同中间品可完全相互替代，生产函数为线性加总形式；当 $\varepsilon \to 1$ 时，$(\varepsilon-1)/\varepsilon \to 0$，生产函数为柯布道格拉斯（Cobb-Douglas）形式；当 $0<\varepsilon<1$，意味着不同中间品之间不可完全替代，表明不同中间品具有一定的特殊性，中间品厂商也相应地具有一定的垄断能力，因此具有一定的定价能力。

最终品厂商面临完全竞争的要素投入市场和产品市场，因此将中间品价格 $P_{j,t}$ 和市场价格水平 P_t 视为给定，并选择采购不同中间产品 $y_{j,t}$ 的数量来实现其利润最大化：

$$\underset{\{y_{j,t}\}}{\text{Max}}\, P_t y_t - \int_0^1 P_{j,t} y_{j,t}\, \mathrm{d}j \tag{4.7}$$

求解以上最优化问题可获得中间产品的需求函数：

$$y_{j,t} = \left(\frac{P_{j,t}}{P_t}\right)^{-\varepsilon} y_t \tag{4.8}$$

对中间产品 $y_{j,t}$ 的需求取决于其相对价格、替代弹性以及总产出。

（3）中间品厂商

经济中有大量中间品厂商，在任意一个时期 t，厂商 j 将劳动作为唯一投入要素，生产中间品 $y_{j,t}$，生产函数为：

$$y_{j,t} = z_t n_{j,t}{}^{\alpha} \tag{4.9}$$

式中，z_t 为 t 时期的全要素生产率，$n_{j,t}$ 为厂商 j 选择雇佣的劳动投入，α 为劳动的产出弹性。在任意时期 t，中间品厂商面对最终品厂商的需求函数和给定的名义工资 W_t，通过选择劳动投入量实现成本最小化：

$$\underset{\{n_{j,t}\}}{\text{Min}}\, W_t n_{j,t} \tag{4.10}$$

满足预算约束：

$$z_t n_{j,t}{}^{\alpha} \geq y_{j,t} = \left(\frac{P_{j,t}}{P_t}\right)^{-\varepsilon} y_t \tag{4.11}$$

该成本最小化问题的拉格朗日函数表达式为：

$$L = -W_t n_{j,t} - \lambda_{j,t} \left(\left(\frac{P_{j,t}}{P_t}\right)^{-\varepsilon} y_t - z_t n_{j,t}{}^{\alpha} \right) \tag{4.12}$$

拉格朗日算子 $\lambda_{j,t}$ 衡量了中间品厂商 j 在 t 时期每获得一单位边际产出所需要付出的成本，求解得：

$$\lambda_{j,t} = \frac{W_t}{\alpha\, z_t n_{j,t}{}^{\alpha-1}} \tag{4.13}$$

因此，通过加总可以获得 t 时期中间品厂商的平均名义边际成本 λ_t 和实际边际成本 mc_t：

$$mc_t = \frac{\lambda_t}{P_t} = \frac{\int_0^1 \lambda_{j,t} dj}{P_t} = \frac{w_t}{\alpha z_t n_t^{\alpha-1}} \tag{4.14}$$

中间品厂商面临完全竞争的要素投入市场和垄断竞争的产品市场，因此在任意一个时期 t，他们将 w_t 视为给定，制定中间品价格 $P_{j,t}$ 实现贴现利润最大化。中间品厂商具有理性预期，但是由于价格粘性的存在，并不是在每个时期都会重新设定其价格。

价格粘性在经济中广泛存在，具体由菜单成本、劳动者工资粘性及行为经济学因素等多种原因引起，已被大量的实证研究证实。在粘性价格模型中，Calvo（1983）的交错价格调整设定被广泛应用：以参数 θ 衡量价格粘性水平，即在每个时期，每个中间厂商有 $(1-\theta)$ 的概率重新设定其价格。在任意一个时期 t，经济中有占比 $(1-\theta)$ 的中间品厂商在当期重设了其价格，占比 $\theta * (1-\theta)$ 的中间品厂商在上一期重设了其价格，以此类推，经济中各中间品厂商设置的价格因粘性价格 θ 呈现出分层次滞后。

所有中间品厂商以随机贴现因子 SDF_t 贴现其利润：

$$SDF_{t+k} = \beta^k \frac{u'(c_{t+k})}{u'(c_t)} \tag{4.15}$$

由于厂商并不一定在每个时期都重设其价格，只有在重设价格的时期，中间品厂商才会选择一个最优价格使得按概率加权的各种更新价格情况下的贴现利润最大化，其行为可由贝尔曼方程刻画：

$$V(j_t) = \underset{\{P_{j,t}\}}{\text{Max}} \left\{ \begin{array}{l} \sum_{k=0}^{\infty} \beta^k \frac{u'(c_{t+k})}{u'(c_t)} \theta^k E_t \left(\frac{P_{j,t}}{P_t} y_{j,t} - mc_t y_{j,t} \right) \\ + \beta \frac{u'(c_{t+1})}{u'(c_t)} (1-\theta) \sum_{k=0}^{\infty} \beta^k \frac{u'(c_{t+k})}{u'(c_t)} \theta^k E_t \left[V(j_{k,t+1+k}) \right] \end{array} \right\} \tag{4.16}$$

求解可以得到中间品厂商在 t 时期重新设定价格时所选择的最优价格 $P_{j,t}$ 和加总后的市场价格水平 P^*：

$$P^* = P_{j,t} = \frac{\varepsilon}{\varepsilon-1} \frac{\mathbb{E}_t \left(\sum_{k=0}^{\infty} \theta^k u'(c_{t+k}) mc_{t+k} P_{t+k}^{\varepsilon} Y_{t+k} \right)}{\mathbb{E}_t \left(\sum_{k=0}^{\infty} \theta^k u'(c_{t+k}) P_{t+k}^{\varepsilon-1} Y_{t+k} \right)} = \frac{\varepsilon}{\varepsilon-1} \frac{X_{1,t}}{X_{2,t}} \tag{4.17}$$

式中，$X_{1,t} \equiv \mathbb{E}_t \left(\sum_{k=0}^{\infty} \theta^k u'(c_{t+k}) mc_{t+k} P_{t+k}^{\varepsilon} Y_{t+k} \right)$ 和 $X_{2,t} \equiv \mathbb{E}_t \left(\sum_{k=0}^{\infty} \theta^k u'(c_{t+k}) P_{t+k}^{\varepsilon-1} Y_{t+k} \right)$ 为辅助变量。接下来可以定义重新定价后的总体通货膨胀率 π^*：

$$\pi^* = \frac{P^*}{P_{t-1}} \tag{4.18}$$

根据 (4.8) 式和 (4.9) 式，经济的总劳动可表示为：

$$n_t = \int_0^1 n_{j,t}\,dj = \int_0^1 \left(\frac{y_{j,t}}{z_t}\right)^{\frac{1}{\alpha}} dj = \left(\frac{y_t}{z_t}\right)^{\frac{1}{\alpha}} \int_0^1 \left(\frac{P_{j,t}}{P_t}\right)^{-\frac{\varepsilon}{\alpha}} dj \qquad (4.19)$$

令 $d_t^{\frac{1}{\alpha}} = \int_0^1 \left(\frac{P_{j,t}}{P_t}\right)^{-\frac{\varepsilon}{\alpha}} dj$，上式可重新表示为：

$$y_t = \frac{z_t n_t^{\alpha}}{d_t} \qquad (4.20)$$

式中，d_t 反映了价格离散程度。根据每一时期有比例为 $1-\theta$ 的厂商将价格更新为最优价格，同时有比例为 θ 的厂商保持价格与上一期相同，结合式 (4.18) 表示的重定价通货膨胀率，可将 d_t 表示为递归形式：

$$d_t^{\frac{1}{\alpha}} = (1-\theta)\left(\pi_t^*\right)^{-\frac{\varepsilon}{\alpha}} \pi_t^{\frac{\varepsilon}{\alpha}} + \theta\,\pi_t^{\frac{\varepsilon}{\alpha}} d_{t-1}^{\frac{1}{\alpha}} \qquad (4.21)$$

（4）货币政策规则

以名义货币供应量增长率作为中央银行的调控工具，刻画更贴近中国中央银行行为的数量型货币政策规则。在任意时期 t，中央银行根据上一时期通货膨胀和产出相对于稳态的偏移程度，以及上一时期的名义货币供应量增长情况决定当期的名义货币供应量增长率 $g_t = M_t/M_{t-1}$：

$$g_t = \rho_g g_{t-1} + (1-\rho_g)\left(\varphi_\pi \ln\left(\frac{\pi_{t-1}}{\bar\pi}\right) + \varphi_y \ln\left(\frac{y_{t-1}}{\bar y}\right)\right) + \varepsilon_{g,t} \qquad (4.22)$$

式中，ρ_g 为货币名义供给量增长率的平滑系数；φ_π 和 φ_y 分别为货币政策对通货膨胀和产出的反应系数；$\varepsilon_{g,t}$ 为货币政策冲击；$M_t = m_t P_t$，为名义货币供应量。

（5）冲击

考虑标准化的持续型冲击，系统中的两个外生冲击来源，技术冲击和货币政策冲击均遵循 AR (1) 过程：

$$\varepsilon_{z,t} = \rho_{\varepsilon z}\varepsilon_{z,t-1} + \sigma_{\varepsilon z} \qquad (4.23)$$
$$\varepsilon_{g,t} = \rho_{\varepsilon g}\varepsilon_{g,t-1} + \sigma_{\varepsilon g} \qquad (4.24)$$

式中，$\rho_{\varepsilon z}$ 和 $\rho_{\varepsilon g}$ 分别为两种冲击的衰退系数；$\sigma_{\varepsilon z}$ 和 $\sigma_{\varepsilon g}$ 分别为外生技术冲击和外生货币政策冲击对应的扰动项。

（6）加总与市场出清

综上所述，该粘性价格模型的均衡条件由 2 个外生变量 $\{\sigma_{\varepsilon z},\ \sigma_{\varepsilon g}\}$、16 个内生变量 $\{c_t,\ R_t,\ \pi_t,\ n_t,\ w_t,\ m_t,\ y_t,\ d_t,\ z_t,\ \pi_t^*,\ X_{1,t},\ X_{2,t},\ mc_t,\ g_t,\ \varepsilon_{g,t},\ \varepsilon_{z,t}\}$ 和如下 16 个均衡条件组成。

欧拉方程：

$$c_t^{-\sigma} = \beta R_t \mathbb{E}_t \left(\frac{c_{t+1}^{-\sigma}}{\pi_{t+1}} \right) \tag{4.25}$$

劳动供给方程：

$$\chi n_t^{\nu} c_t^{\sigma} = w_t \tag{4.26}$$

实际货币余额的需求方程：

$$\frac{\gamma}{m_t} = \frac{R_t - 1}{R_t} c_t^{-\sigma} \tag{4.27}$$

总消费：

$$c_t = y_t \tag{4.28}$$

总生产：

$$y_t = \frac{z_t n_t^{\alpha}}{d_t} \tag{4.29}$$

价格离散核递归方程：

$$d_t^{\frac{1}{\alpha}} = (1-\theta)(\pi_t^*)^{-\frac{\varepsilon}{\alpha}} \pi_t^{\frac{\varepsilon}{\alpha}} + \theta \pi_t^{\frac{\varepsilon}{\alpha}} d_{t-1}^{\frac{1}{\alpha}} \tag{4.30}$$

通货膨胀递归方程：

$$\pi_t^{1-\varepsilon} = (1-\theta)(\pi_t^*)^{1-\varepsilon} + \theta \tag{4.31}$$

第一辅助变量递归方程：

$$X_{1,t} = c_t^{-\sigma} mc_t y_t + \theta \beta E_t X_{1,t+1} \pi_{t+1}^{\varepsilon} \tag{4.32}$$

第二辅助变量递归方程：

$$X_{2,t} = c_t^{-\sigma} y_t + \theta \beta E_t X_{2,t+1} \pi_{t+1}^{\varepsilon-1} \tag{4.33}$$

最优定价方程：

$$\pi_t^* = \frac{\varepsilon}{\varepsilon-1} \pi_t \frac{X_{1,t}}{X_{2,t}} \tag{4.34}$$

边际成本方程：

$$mc_t = \frac{w_t}{\alpha z_t n_t^{\alpha-1}} \tag{4.35}$$

货币政策规则：

$$g_t = \rho_g g_{t-1} + (1-\rho_g)\left(\varphi_\pi \ln\left(\frac{\pi_{t-1}}{\bar{\pi}}\right) + \varphi_y \ln\left(\frac{y_{t-1}}{\bar{y}}\right) \right) + \varepsilon_{g,t} \tag{4.36}$$

名义货币供应量增长率：

$$g_t = \frac{m_t}{m_{t-1} \pi_t} \tag{4.37}$$

技术进步规则：

$$z_t = \rho_z z_{t-1} + \varepsilon_{z,t} \tag{4.38}$$

货币政策冲击：

$$\varepsilon_{g,t} = \rho_{\varepsilon g}\varepsilon_{g,t-1} + \sigma_{\varepsilon g} \qquad (4.39)$$

技术冲击：

$$\varepsilon_{z,t} = \rho_{\varepsilon z}\varepsilon_{z,t-1} + \sigma_{\varepsilon z} \qquad (4.40)$$

至此完成了对基于理性预期和粘性价格假说的动态随机一般均衡模型的设定和求导。

4.1.2 粘性信息模型

本节以 Mankiw 和 Reis（2002）的粘性信息模型为基础建立粘性信息动态随机一般均衡模型，该模型与粘性价格动态随机一般均衡模型遵循相同的框架，区别在于该模型不具有价格摩擦而具有信息摩擦，即价格是完全弹性的，经济主体是理性的，但信息是有成本的，因此家庭和中间品厂商存在信息粘性。

（1）家庭

由于信息粘性的存在，在每一时期每个家庭都有一定的概率选择不更新其信息，因此经济中存在着无数个信息滞后期数不同的家庭。信息更新的分层滞后导致了预期的分层滞后。这种情况下，在任意一个时期 t，信息滞后期数为 i 的家庭依据滞后 i 期的预期，选择其消费 $c_{i,t}$、劳动 $n_{i,t}$、持有的实际货币余额 $m_{i,t}$ 和债券 $b_{i,t}$ 来最大化其终身贴现效用：

$$\max_{\{b_{i,t},c_{i,t},n_{i,t},m_{i,t}\}_{i=0}^{\infty}} \mathbb{E}_{t-i}\sum_{t=0}^{\infty}\beta^t\left(\frac{c_{i,t}^{1-\sigma}}{1-\sigma} - \chi\frac{n_{i,t}^{1+\nu}}{1+\nu} + \gamma\ln(m_{i,t})\right) \qquad (4.41)$$

家庭面对的预算约束为：

$$c_{i,t} + b_{i,t} + m_{i,t} = w_{i,t}n_{i,t} + \frac{R_{t-1}b_{i,t-1}}{\pi_t} + \frac{m_{i,t-1}}{\pi_t} \qquad (4.42)$$

式中，$\mathbb{E}_{t-i}$ 为 $t-i$ 期的期望算子；$w_{i,t}$ 为家庭 i 在 t 期获得的实际工资。

以上问题可根据贝尔曼方程求解，对于任意时期 t 和给定的初始财富 A_t，家庭选择未来的消费、劳动和持有的实际货币余额，使按概率加权的各种更新信息情况下终生贴现效用最大化，其最优化行为可由贝尔曼方程刻画：

$$V(A_t) = \max_{\{c_{l,t+l},n_{l,t+l},m_{l,t+l}\}}\left\{ \begin{array}{l} \sum_{l=0}^{\infty}\beta^l(1-\delta)^l\left[\frac{c_{l,t+l}^{1-\sigma}}{1-\sigma} - \chi\frac{n_{l,t+l}^{1+\nu}}{1+\nu} + \gamma\ln(m_{l,t+l})\right] \\ + \beta\delta\sum_{l=0}^{\infty}\beta^l(1-\delta)^l E_t[V(A_{l,t+1+l})] \end{array} \right\}$$

$$(4.43)$$

家庭面对的跨期预算约束为：

$$A_{l,t+1+l} = i_{t+l}(A_{l,t+l} - c_{l,t+l} - m_{l,t+l} + w_{l,t+l}n_{l,t+l})\qquad(4.44)$$

在时期 $t+l$，存在 l 期信息粘性的家庭带有从前一时期留下来的财富 $A_{l,t+l}$，通过劳动获得收入 $w_{l,t+l}n_{l,t+l}$，选择消费 $c_{l,t+l}$ 和持有的实际货币余额 $m_{l,t+l}$，剩余的财富以债券形式储存，并以 i_{t+l} 的总实际利率转化为下一时期的财富 $A_{l,t+1+l}$。求解粘性信息家庭的最优化问题，获得信息粘性下的欧拉方程、劳动供给方程和货币需求方程：

$$c_{i,t}^{-\sigma} = \mathbb{E}_{t-i}(c_{0,t}^{-\sigma})\qquad(4.45)$$

$$\frac{n_{i,t}^{\nu}}{w_{i,t}} = \mathbb{E}_{t-i}\left(\frac{n_{0,t}^{\nu}}{w_{0,t}}\right)\qquad(4.46)$$

$$m_{i,t} = \mathbb{E}_{t-i}(m_{0,t})\qquad(4.47)$$

以上方程描述了信息粘性下家庭的行为规律，存在信息粘性的家庭会将其行为锚定为其对完全理性家庭的预期：他们选择消费和持有的实际货币余额，使其边际效用等于预期的完全理性家庭的边际效用；选择劳动供应量，使劳动的负效用与边际收益之比等于预期的完全理性家庭的相应比率。

（2）厂商

最终品厂商面临完全竞争的要素市场和产品市场，其行为并不涉及预期和价格粘性，因此粘性信息下最终品厂商行为与粘性价格模型一致。由于粘性信息模型以信息摩擦取代了价格摩擦，中间品厂商的行为与粘性价格模型产生很大差异。中间品厂商具有完全的价格弹性，但是由于信息粘性的存在，他们在每个时期都有一定的概率不更新其信息，因此经济中存在着无数个信息滞后期数不同的中间品厂商。在任意一个时期 t，信息滞后期数为 j 的中间品厂商将最终品厂商的需求函数和工资 w_t 视为给定，通过制定产品价格 $P_{j,t}$ 实现利润最大化：

$$\max_{\{P_{j,t}\}_{i=0}^{\infty}} \mathbb{E}_{t-j}\left[\frac{P_{j,t}}{P_t}y_{j,t} - mc_t y_{j,t}\right]\qquad(4.48)$$

式中，厂商的实际边际成本 mc_t 与粘性价格模型的（4.14）式一致，通过求解以上最大化问题得到信息滞后期数为 j 的中间品厂商生产的中间品价格制定函数：

$$P_{j,t} = \frac{\varepsilon}{\varepsilon-1}\frac{\mathbb{E}_{t-j}(w_{j,t}y_{j,t}^{\frac{1}{\alpha}}z_t^{-\frac{1}{\alpha}})}{\mathbb{E}_{t-j}\left(\frac{\alpha y_{j,t}}{P_t}\right)}\qquad(4.49)$$

（3）加总与市场出清

粘性信息模型（Mankiw 和 Reis，2002）对信息粘性的设定思路与交错调整的价格粘性（Calvo，1983）设定思路一致，假设每个家庭在每个时期都有固定的概率 δ 更新其信息，这意味着在任意一个时期 t，经济中有占比 δ 的家庭在当期更新了信息，占比（$1-\delta$）的家庭没有在时期 t 更新信息；而在这部分家庭中有占比 δ 的家庭在上一期更新了信息，因此在总体中占比 δ（$1-\delta$）的家庭在上一期更新了信息。以此类推，信息粘性水平 δ 决定了经济中不同信息滞后期数家庭的占比，按比例加总所有家庭的消费得到经济中的总消费：

$$c_t = \delta \sum_{i=0}^{\infty} (1-\delta)^i c_{i,t} \tag{4.50}$$

同理，家庭部门持有的总实际货币余额和提供的总劳动分别为：

$$m_t = \delta \sum_{i=0}^{\infty} (1-\delta)^i m_{i,t} \tag{4.51}$$

$$n_t = \delta \sum_{i=0}^{\infty} (1-\delta)^i n_{i,t} \tag{4.52}$$

同样的，由于信息粘性的存在，中间品厂商在每一时期都有固定的概率 λ 选择更新其信息，这决定了经济中不同信息滞后期数中间品厂商的占比，按比例加总所有中间品厂商制定的中间品价格 $P_{j,t}$ 得到经济的总体价格水平：

$$P_t = \lambda \sum_{j=0}^{\infty} (1-\lambda)^j P_{j,t} \tag{4.53}$$

在时期 t，经济中的总体通货膨胀定义为：

$$\pi_t = \frac{P_t}{P_{t-1}} \tag{4.54}$$

在经济实现一般均衡时，经济的总产出等于总消费：

$$y_t = \left(\int_0^{\infty} y_{j,t}^{\frac{\varepsilon-1}{\varepsilon}} dj \right)^{\frac{\varepsilon}{\varepsilon-1}} = c_t \tag{4.55}$$

粘性信息模型下的货币政策规则与技术进步路径，以及两者对应的冲击都与粘性价格模型一致。结合以上分析，粘性信息模型的均衡最终由 2 个外生变量 $\{\sigma_{\varepsilon z}, \sigma_{\varepsilon g}\}$、19 个内生变量 $\{y_{j,t}, y_t, p_{j,t}, p_t, w_t, z_t, c_{0,t}, c_{i,t}, n_{0,t}, n_{i,t}, n_t, m_{0,t}, m_{i,t}, m_t, r_t, g_t, \pi_t, \varepsilon_{g,t}, \varepsilon_{z,t}\}$ 和 19 个以对数线性表示的均衡条件组成。

中间产品需求方程：

$$y_{j,t} = -\varepsilon p_{j,t} + \varepsilon p_t + y_t \tag{4.56}$$

中间品价格方程：

$$p_{j,t} = E_{t-j} \left[p_t + \frac{(1-\alpha) y_t + \alpha w_t - z_t}{\alpha - \alpha \varepsilon + \varepsilon} \right] \tag{4.57}$$

欧拉方程：

$$c_{0,t} = -\frac{r_t}{\sigma} + \mathbb{E}_t \left(c_{0,t+1} + \frac{\pi_{t+1}}{\sigma} \right) \tag{4.58}$$

劳动供给方程：

$$vn_{0,t}+\sigma c_{0,t}=w_{0,t} \tag{4.59}$$

货币需求方程：

$$\sigma c_{0,t}-m_{0,t}=\frac{r_t}{(1/\beta-1)} \tag{4.60}$$

信息滞后家庭的消费：

$$c_{i,t}=\mathbb{E}_{t-i}(c_{0,t}) \tag{4.61}$$

信息滞后家庭的劳动供给：

$$n_{i,t}=\mathbb{E}_{t-i}(n_{0,t}) \tag{4.62}$$

信息滞后家庭的实际货币余额需求：

$$m_{i,t}=\mathbb{E}_{t-i}(m_{0,t}) \tag{4.63}$$

总体价格水平：

$$p_t=\lambda\sum_{j=0}^{\infty}(1-\lambda)^j p_{j,t} \tag{4.64}$$

总体消费：

$$y_t=\delta\sum_{i=0}^{\infty}(1-\delta)^i c_{i,t} \tag{4.65}$$

总体劳动供给：

$$n_t=\delta\sum_{i=0}^{\infty}(1-\delta)^i n_{i,t} \tag{4.66}$$

总体实际货币余额需求：

$$m_t=\delta\sum_{i=0}^{\infty}(1-\delta)^i m_{i,t} \tag{4.67}$$

总体产出：

$$y_t=z_t+\alpha n_t \tag{4.68}$$

货币政策规则：

$$g_t=\rho_g g_{t-1}+(1-\rho_g)(\varphi_\pi\pi_{t-1}+\varphi_y y_{t-1})+\varepsilon_{g,t} \tag{4.69}$$

名义货币供应量增长率：

$$g_t=m_t-m_{t-1}+\pi_t \tag{4.70}$$

技术进步规则：

$$z_t=\rho_z z_{t-1}+\varepsilon_{z,t} \tag{4.71}$$

技术冲击：

$$\varepsilon_{z,t}=\rho_{\varepsilon z}\varepsilon_{z,t-1}+\sigma_{\varepsilon z} \tag{4.72}$$

货币政策冲击：

$$\varepsilon_{g,t}=\rho_{\varepsilon g}\varepsilon_{g,t-1}+\sigma_{\varepsilon g} \tag{4.73}$$

通货膨胀：

$$\pi_t = p_t - p_{t-1} \qquad (4.74)$$

至此完成了对基于粘性信息假说的动态随机一般均衡模型的设定和推导。

4.1.3　数值模拟分析

本部分分别在粘性价格模型和粘性信息模型中随机地引入一个方差的货币政策外生冲击，通过数值模拟的比较两个模型下经济动态的差异。参考已有研究，将模型的参数设定如表 4.1 所示。对于厂商的价格粘性，依照研究惯例将其设置为 0.75，这意味着平均而言中间品厂商每四期更新一次价格；对于经济主体的信息粘性，将厂商和家庭的信息粘性设置为与价格粘性相同的数值。

表 4.1　粘性价格和粘性信息模型参数设定

参数	含义	数值
β	家庭效用的跨期贴现系数	0.99
σ	消费跨期替代弹性的倒数	2
ν	劳动供给弹性的倒数	2
α	劳动的产出弹性	0.66
ε	中间品的替代弹性	10
$1-\delta$	家庭的信息粘性	0.75
$1-\lambda$	厂商的信息粘性	0.75
θ	厂商的价格粘性	0.75
φ_π	货币政策对通货膨胀的反应系数	1.4657
φ_y	货币政策对产出的反应系数	0.2813
ρ_g	货币供应量的平滑系数	0.7362
ρ_z	全要素生产率的 AR（1）系数	0.95
$\rho_{\varepsilon z}$	技术冲击的冲击系数	0.4198
$\rho_{\varepsilon g}$	货币政策冲击的冲击系数	0.7627

注：参考康立和龚六堂（2014）的研究，将 β 设置为 0.99，将 σ 设置为 2；参考 Chang 等（2015）的研究，将 ν 设置为 2；将 α 设置为 0.66；参考王曦等（2017）的研究，将 ε 设置为 10，将 ρ_g、φ_π、φ_y、$\rho_{\varepsilon z}$、$\rho_{\varepsilon g}$ 分别设置为 0.7362、1.4657、0.2813、0.4198 和 0.7627；参考李向阳（2018）的研究将 ρ_z 设置为 0.95

图 4.1 比较了在一个标准差的宽松性货币政策冲击下，粘性信息模型和粘性价格模型下的通货膨胀和产出动态。在粘性价格模型下，面对宽松的货币政策冲

击，通货膨胀水平和产出缺口迅速偏离稳态并达到最高点，随着时间推移，通货膨胀和产出缺口不断减小，两个变量逐渐回归稳态。这表明，一个正向的货币政策冲击会导致短期内经济的通货膨胀水平上升，并出现一个正向的产出缺口，这一结果在定性分析角度与现代宏观经济理论共识以及现实实践一致。但是，在基于理性预期的粘性价格模型下，所有的经济主体都在第一时间意识到了货币政策冲击的发生并立刻调正定价，因此宏观经济的反馈表现为通货膨胀在同期达到峰值。另外，价格摩擦的存在使货币政策能够对产出等实际变量产生影响，因此产出缺口也在同期达到最大。然而，现实中经济变量在货币政策冲击后往往出现驼峰形动态并缓慢调整，模型展示出的经济动态无法描述现实经济波动，其原因主要在于理性预期假设与现实间的偏离。

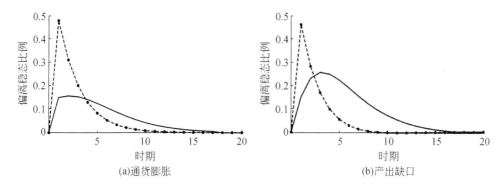

图 4.1　粘性信息和粘性价格对比：货币政策冲击

注：实线为粘性信息模型，圆形点线为粘性价格模型

在粘性信息模型下，面对宽松的货币政策冲击，通货膨胀水平和产出缺口迅速在同期偏离稳态，随着时间推移，通货膨胀和产出缺口继续扩大，其中通货膨胀在第 2 期达到峰值，产出缺口则是在第 3 期达到峰值，偏离稳态的峰值都小于粘性价格模型下的峰值，之后通货膨胀和产出缺口不断减小，两个变量逐渐回归稳态。从定性分析的角度，粘性信息模型下货币政策的总体影响与标准的粘性价格新凯恩斯动态随机一般均衡模型一致，一个宽松的货币政策冲击带来了短期内的正向通货膨胀和产出缺口。究其原因，粘性信息可以发挥类似名义刚性的作用，使得短期内货币非中性，即信息摩擦的存在使得货币政策能够对产出等实际变量产生影响。

从动态影响的角度进行定量分析，粘性信息模型下经济对货币政策冲击的反馈表现出了与现实一致的缓慢调整及驼峰形动态。由于信息粘性的存在，经济主体的预期呈现分层次滞后性，在货币政策冲击出现初期，只有部分经济主体意识到了冲击的发生，随着时间的推移，越来越多的经济主体分层次地逐渐意识到冲击，因此冲击的影响在经济中扩散缓慢，表现为通货膨胀水平和产出缺口在冲击发生初期之后继续上升并呈现出驼峰形动态。相比于理性预期假设，粘性信息假设更贴近现实地刻画了经济主体的预期形成过程，模型以更贴近现实的粘性信息预期取代了偏离现实的理性预期，得到了更加符合现实的宏观经济动态，这也显示出预期在宏观经济分析中的重要作用。

本章还比较了粘性信息模型和粘性价格模型下，技术冲击传导机制的差异。图4.2展示了通货膨胀和产出缺口对一个标准差正向技术冲击的动态反馈。区别于货币政策冲击直接作用于家庭部门并在缓慢传播，技术进步冲击立刻体现在厂商的生产过程中，因此无论是在粘性价格模型还是粘性信息模型下，通货膨胀和产出缺口都在技术冲击的影响下迅速响应。正向的技术冲击意味着技术进步，这使厂商的边际生产率提高和边际成本下降，厂商相应地下调价格并提高产量，加总表现为宏观经济中物价水平的下降（通货紧缩）和产出缺口的正向扩大。粘性信息模型中厂商仅具有信息粘性但不具有价格粘性，因此厂商在技术冲击后可以更加快速地调整价格，相比起来，粘性价格模型中厂商存在价格粘性，即使立刻认识到技术冲击的发生，也并非所有厂商都能在第一时间调整其定价策略，因此粘性信息模型下经济的总体通货膨胀动态要快于粘性价格模型。基于相同的原因，由于粘性价格模型下价格调整的速度更慢，使得相同的技术冲击下产出出现了更大的缺口。

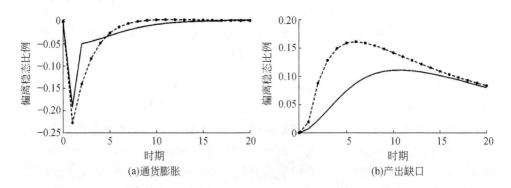

图 4.2　粘性信息和粘性价格对比：技术冲击

注：实线为粘性信息模型，圆形点线为粘性价格模型

值得注意的是，在参数设置中，粘性价格和粘性信息被赋值为相同的摩擦水平，厂商的价格粘性和信息粘性均为 0.75，这意味着在每个时期厂商都仅有 25% 的概率更新其价格或者更新其信息，即厂商重新定价和重新获取信息的平均周期均为一年。因此两种模型中经济对技术冲击的响应动态表明，对于相同规模的摩擦水平，粘性价格的摩擦会导致更大的经济波动。

4.2   不同部门信息粘性的差异

本节在粘性信息模型和数值模拟方法基础上，进一步考察家庭和中间品厂商两个不同部门的信息粘性对经济的影响。为此，在基准情景之上考虑两种特殊情景：第一种情景下，在家庭和厂商两部门中，厂商不具有信息粘性，只有家庭部门存在信息粘性，在参数设置中将厂商的信息粘性（$1-\lambda$）设置为 0，家庭的信息粘性（$1-\delta$）不变，仍为 0.25；第二种情景下，家庭不具有信息粘性，即在参数设置中将家庭的信息粘性（$1-\delta$）设置为 0，厂商的信息粘性（$1-\lambda$）仍为 0.25 不变。

图 4.3 比较了三种情景下的数值模拟结果。第一种情景下，当厂商不具有信息粘性、只有家庭具有信息粘性时，面对一个标准差的宽松性货币政策冲击，价格水平在同期大幅提高，并快速调整到一个更高的新稳态水平，而产出缺口则没

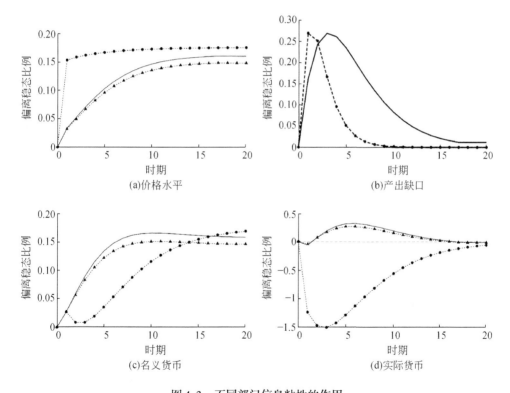

(a)价格水平   (b)产出缺口

(c)名义货币   (d)实际货币

图 4.3   不同部门信息粘性的作用

注：实线为家庭和厂商都具有信息粘性的基准情景，圆形点线为厂商不具有信息粘性的情景，
三角形点线为家庭不具有信息粘性的情景

有发生任何变化。此时的宏观经济反馈表现出了货币中性，即货币政策只改变了价格，而不会对产出产生任何影响。此时，宽松性货币政策对应的是名义货币供应量的迅速提高，但是由于价格的大幅提高，中央银行遵循其货币政策规则需要相应地降低名义货币供应量以应对通货膨胀，因此名义货币供应量会有所短暂减少。随着价格水平到达新的稳态，货币政策冲击持续发挥作用，名义货币供应量接下来会从低点不断回升，并逐渐达到一个更高的新稳态水平。此外，由于价格水平在冲击初期的大幅提高，实际货币余额立刻大幅下降，并继续随着名义货币供应量的下降达到最低点，此后，伴随价格水平达到新的稳态，实际货币余额的动态与名义货币供应量一致并回归至稳态。

为了更好的理解以上结果，结合式（4.57）和式（4.64）可推导出粘性信息模型下的总供给曲线（菲利普斯曲线）：

$$p_t = \lambda \sum_{j=0}^{\infty} (1-\lambda)^j E_{t-j} \left[p_t + \frac{(1-\alpha) y_t + \alpha w_t - z_t}{\alpha - \alpha \varepsilon + \varepsilon} \right] \tag{4.75}$$

当厂商不具有信息粘性时，$\lambda = 1$，菲利普斯曲线可重写为：

$$p_t = E_t \left[p_t + \frac{(1-\alpha) y_t + \alpha w_t - z_t}{\alpha - \alpha \varepsilon + \varepsilon} \right] \tag{4.76}$$

可以看出，此时 y_t 与 p_t 无关，这意味着货币中性，经济的总供给曲线为一条垂直曲线。因此在这种情景下，货币政策只能改变价格，而不会对产出有任何影响。

第二种情景下，当家庭不具有信息粘性、只有厂商具有信息粘性时，经济对货币政策冲击的动态脉冲响应与家庭和厂商都具有信息粘性的基准结果相似。两种情况下价格水平、名义货币供应量和实际货币余额动态几乎完全同步，最大的差别在于产出缺口的动态反应：当家庭不再具有信息粘性时，产出缺口不再呈现出驼峰形态，面对宽松性货币政策冲击，产出缺口立刻扩张到最大，之后随时间推移而逐渐收拢，其回归稳态的速率远大于基准情景。其主要原因在于，当家庭不具有信息粘性时，经济中所有家庭都在扩张性的货币政策冲击发生后立刻调整自己的行为，因此经济的总需求也在同期增至最大幅度。相比起来，基准情景下家庭部门的信息粘性为 0.75，意味着在货币政策冲击发生后经济中只有 25% 的家庭会在同期意识到冲击的发生并立刻调整自己的行为，而其他的家庭则需要随着时间的推移陆续意识到冲击的发生，因此经济的总需求在冲击初期只会部分扩张，此时经济中价格和产出调整幅度都不及家庭不具有信息粘性时的情景。另一方面，家庭不具有信息粘性时，由于产出和价格水平在冲击同期扩张至最大，中央银行会相应地降低货币供应量增长，导致经济中的名义货币量和实际货币量在后续时期低于基准情景，直至最终到达相同的稳态水平。

为了更好地理解该结果，由式（4.58）、式（4.61）和式（4.65）可推导出经济的总需求曲线：

$$y_t = \delta \sum_{i=0}^{\infty} (1 - \delta)^i \, \mathbb{E}_{t-i} \left[y^f - \sum_{l=0}^{\infty} \frac{1}{\sigma}(r_{t+l}) - p_t + p_{t+\infty} \right] \quad (4.77)$$

当家庭不具有信息粘性时，$\delta = 1$，总需求曲线可重写为：

$$y_t = \mathbb{E}_t \left[y^f - \sum_{l=0}^{\infty} \frac{1}{\sigma}(r_{t+l}) - p_t + p_{t+\infty} \right] \quad (4.78)$$

由式（4.78）可以看出，当家庭不具有信息粘性时，在货币政策冲击后，经济的总需求将一次性调整到位，而在式（4.77）中，由于家庭信息粘性 δ 的存在，在货币政策冲击后经济的总需求将随着时间推移而陆续调整。该推导表明，家庭的信息粘性主要影响经济的总需求调整速度。

综上所述，对厂商和家庭的信息粘性的分类考察结果表明，厂商的信息粘性影响了经济的总供给，而家庭的信息粘性影响了经济的总需求，并因此导致经济对冲击的动态脉冲响应产生区别。

4.3 不同程度信息粘性的差异

本节在粘性信息模型和数值模拟方法基础上进一步研究不同程度的信息粘性对宏观经济动态的影响差异。为比较分析，将厂商和家庭信息粘性参数设置为 0.50 作为低信息粘性情景，将信息粘性为 0.75 的基准情景作为高信息粘性情景。在低信息粘性情景下，经济个体每半年更新一次信息，在高信息粘性情景下，经济个体每一年更新一次信息。

图 4.4 比较了两种情景下经济对宽松性货币政策的动态反应。在价格水平方面，面对一个标准差货币政策冲击，两种情景下的价格水平都立刻上升，并且增长速度不断变缓，直至达到新的稳态。两者差别在于，低信息粘性下价格水平的增长始终高于高信息粘性；在产出缺口方面，两种情景下的产出缺口都在冲击发生后立刻大幅扩张，其中，高信息粘性下产出缺口呈现驼峰形动态，在初始反馈后继续扩张，直至第 4 季度之后开始回落，逐渐回归至初始的稳态，而低信息粘性下产出缺口则在初始扩张后逐渐回落至之前的稳态，而且回归过程更迅速。

为了理解这一点，考虑当厂商具有完全的信息粘性 $\lambda = 0$，即具有信息刚性时，经济的总供给曲线式（4.75）可重写为 $p_t = 0$，即此时经济的价格不会发生任何变化，总供给曲线是一条水平曲线，总需求曲线的变动将只影响产出；如式（4.76）显示，当厂商不具有信息粘性时经济的总供给曲线是一条垂直曲线，价格具有完全弹性，总需求曲线的变动将只影响价格。因此可以判断，随着厂商信息粘性的提高，总需求曲线变动对价格的影响将变小，而对产出的影响将变大。家庭的信息粘性主要影响总需求的变动速度：当家庭不具有信息粘性时，所有家

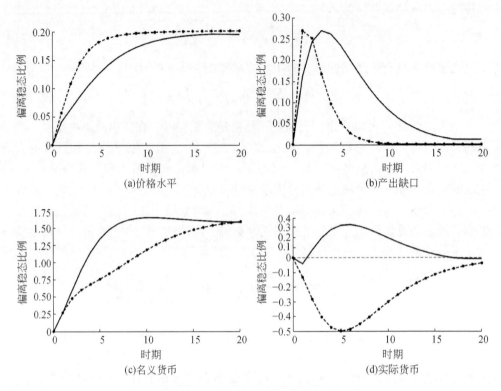

图 4.4 不同信息粘性的影响差异

注：实线为高信息粘性情景，圆形点线为低信息粘性情景

庭都立刻对冲击做出反应，经济的总需求曲线一次性变动到位；当家庭具有完全信息粘性时，经济的总需求曲线则不会发生变动；当家庭信息粘性介于这两者之间时，总需求曲线随时间推移而不断调整，调整速度受家庭的信息粘性程度影响。

结合以上分析，可以厘清两种情景下动态反馈产生差异的原因。价格水平变动方面，高信息粘性下，更高的家庭信息粘性使其总需求曲线变动得更加缓慢，而更高的厂商信息粘性，使总需求曲线变动对价格的影响更小，二者结合起来使得高信息粘性下经济的价格水平变动总是小于低信息粘性情景。产出水平变动方面，高信息粘性下，更高的厂商信息粘性使得总需求曲线的变动对产出的影响更大。

如图 4.5 所示，在经济回归稳态前，高信息粘性下单个家庭消费的扩张总是高于低信息粘性情景。但在高信息粘性下，更少的家庭在冲击发生初期就认识到其存在并调整消费计划，使得高信息粘性下总产出的增长小于低信息粘性情景。

随着时间推移，越来越多的家庭陆续意识到冲击并调整消费，但由于高信息粘性下家庭消费扩张更大的特点，高信息粘性的总产出扩张总是高于低信息粘性情景。

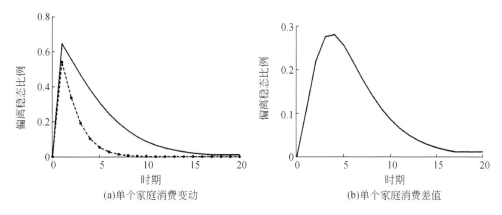

图 4.5　不同信息粘性下单个家庭的消费动态

注：左图实线为高信息粘性情景，圆形点线为低信息粘性情景；右图为二者差值

为进一步理解不同信息粘性水平下经济对货币政策冲击响应的差异，图 4.6 总结了总需求和总供给曲线的变动情况，参照上文所推导的粘性信息经济下总需求和总供给函数能够更清晰地理解其含义，为了方便说明，再将其列示如下。

1）粘性信息经济的总需求函数：

$$y_t = \delta \sum_{i=0}^{\infty} (1-\delta)^i \mathbb{E}_{t-i} \left[y^f - \sum_{l=0}^{\infty} \frac{1}{\sigma}(r_{t+l}) - p_t + p_{t+\infty} \right] \tag{4.79}$$

2）粘性信息经济的总供给函数：

$$p_t = \lambda \sum_{j=0}^{\infty} (1-\lambda)^j E_{t-j} \left[p_t + \frac{(1-\alpha) y_t + \alpha w_t - z_t}{\alpha - \alpha\varepsilon + \varepsilon} \right] \tag{4.80}$$

在图 4.6（a）中，AD^* 和 AS^* 分别代表经济处于冲击前均衡状态时的总需求和总供给曲线，当经济处于中期的均衡状态时，由于经济已经稳定，因此虽然经济中存在信息粘性，但仍有：

$$\mathbb{E}_{t-i} = \mathbb{E}_t, \forall i \in N \tag{4.81}$$

这表明在稳态时经济中各经济主体的预期一致，因此由一般形式的总需求和总供给函数（4.79）和（4.80），可推导出稳态时经济的总需求函数和总供给函数为：

$$p_t = -y_t + y^f + p_{t+\infty} \tag{4.82}$$

$$y_t = \frac{\alpha w_t - z_t}{1-\alpha} \tag{4.83}$$

式（4.82）表明，稳态时经济的总需求曲线 AD^* 为一条向右下方倾斜的曲线；式（4.83）表明，稳态时经济的产出与价格水平无关，即总供给曲线 AS^* 是一条垂直曲线。交点对应的 P^* 和 Y^* 分别代表了稳态时的价格和产出，其中 $P^* = p_{t+\infty}$，$Y^* = y^f$。

当扩张性的货币政策冲击发生后，经济的总需求和总供给曲线发生变化。在总需求方面，扩张性的货币政策冲击将导致价格水平在同期发生改变，并使经济新的均衡价格 $p_{t+\infty}$ 永久上升，不存在信息粘性的家庭在同期就认识到冲击的发生，也会认识到这一系列的新变化，因此总需求曲线此时可表示为：

$$p_t = -\frac{y_t}{\delta} + y^f + \delta\Delta p_{t+\infty} + \delta\sum_{i=0}^{\infty}(1-\delta)^i\,\mathbb{E}_{t-i}\left(-\sum_{l=0}^{\infty}\frac{1}{\sigma}(r_{t+l}) - p_t + p_{t+\infty}\right)$$

$$(4.84)$$

式（4.84）表明，由于家庭存在信息粘性 δ，在货币政策冲击发生后，经济的总需求曲线将向右旋转，并且由于新的均衡价格水平提高了 $\Delta p_{t+\infty}$，总需求曲线将向右侧移动。

在总供给方面，扩张性的货币政策冲击将导致经济的价格水平和总产出在同期发生改变。由于信息粘性的存在，厂商的预期分层次滞后，在当期更新信息的厂商在同期就立刻认识到这一系列变化，而没有更新信息的厂商还对经济变量存在着滞后的预期，因此总供给曲线此时可表示为：

$$p_t = \frac{\lambda\big[(1-\alpha)\,y_t + \alpha w_t - z_t\big]}{(1-\lambda)(\alpha-\alpha\varepsilon+\varepsilon)} + \lambda\sum_{j=1}^{\infty}(1-\lambda)^j E_{t-j}\left[\frac{(1-\alpha)\,y_t + \alpha w_t - z_t}{\alpha-\alpha\varepsilon+\varepsilon}\right]$$

$$(4.85)$$

式（4.85）表明，由于厂商信息粘性 λ 的存在，在货币政策冲击发生后，经济的总供给曲线将向右旋转，并且由于实际工资 w_t 的提高，总供给曲线位置将发生移动。

基于上述分析，图 4.6（a）表示了扩张性货币政策冲击影响下总需求和总供给曲线的变动，以 AD_1^l 和 AS_1^l 表示低信息粘性下冲击发生同期的总需求曲线和总供给曲线，可以看出由于总需求和总供给曲线的这种变动，价格 P_1^l 和产出水平 Y_1^l 相比于此前的稳态提高了。

考虑不同程度信息粘性的差异影响，在总需求方面，由式（4.84）可见，在低信息粘性下，由于家庭的信息粘性（$1-\delta$）更小，因此总需求曲线向右旋转的幅度更小，同时由于更多的家庭在同期就认识到冲击的发生，因此 $\delta\Delta p_{t+\infty}$ 更大，总需求曲线向右移动得更多；在总供给方面，在低信息粘性下，由于厂商的信息粘性（$1-\lambda$）更小，因此总供给曲线的斜率更大，即向右旋转的幅度更小。图 4.6（b）表示了这种变化差异，在图中以 AD_1^l 和 AS_1^l 表示低信息粘性下冲击发生同期的总需求曲线和总供给曲线，以 AD_1^h 和 AS_1^h 表示高信息粘性下冲击发生同期的总需求曲线和总供给曲线。可以看出由于总需求和总供给曲线的这种移动规律，在冲击发生的同期，高信息粘性下经济的产出扩张和价格增长均小于低信息粘性下的变动情况。

随着时间的推移，在冲击发生的第 2 期，更多的家庭和厂商认识到冲击的发生，由式（4.84）和式（4.85）可以得出，总需求曲线在第 1 期基础上继续向左旋转，更靠近稳态时的角度，同时进一步地向右移动；而总供给曲线在第 1 期基础上继续向左旋转，也更靠近稳态时的角度。图 4.6（c）显示了由于总需求

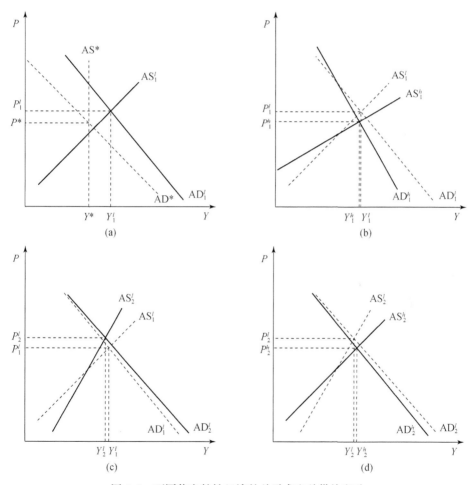

图 4.6　不同信息粘性经济的总需求和总供给变动

注：P 和 Y 分别表示价格和产出，AD 和 AS 分别表示总需求曲线和总供给曲线，角标 *，l，h 分别表示稳态、低信息粘性情景和高信息粘性情景，角标 1 和 2 分别表示冲击发生的第 1 期（同期）和第 2 期

和总供给曲线的这种移动，引起低信息粘性下货币政策冲击发生后的第 1 期和第 2 期的差异，经济的价格水平继续增长，而产出水平下降。

图 4.6（d）显示了高信息粘性和低信息粘性下经济在冲击发生第 2 期的差异，由于总需求和总供给曲线的进一步调整，相比于低信息粘性情形，高信息粘性下的产出扩张更大，而价格增长更小。此后，随着时间推移和市场调节，总供给曲线不断向左旋转直至达到垂直状况，总需求曲线不断向右扩张直至达到新的稳态。在后续向稳态的回归过程中，高信息粘性下产出的扩张将始终大于低信息粘性情景，而价格增长则始终小于低信息粘性情景。至此，使用总需求和总供给曲线从静态分析角度总结了数值模拟下经济的动态反应。

4.4 本 章 小 结

本章基于贴近中国货币政策规律的动态随机一般均衡模型分析了预期对宏观经济动态的影响及其背后的作用机理。预期能够对宏观经济动态产生深远影响，其背后的核心原理是组成宏观经济的微观经济主体的决策行为不仅取决于已实现的经济变量，还取决于经济主体自身的前瞻性预期。在需求侧，经济主体依据自身预期形成消费、投资和储蓄等行为决策，预期的改变将直接使其调整经济决策，并在宏观上体现为总需求曲线的变动；在供给侧，这种影响凝练地体现在附加预期的菲利普斯曲线上，当不考虑价格粘性等其他摩擦时，通货膨胀这一名义变量对产出和就业率等实际变量的影响来自于经济主体的前瞻性预期与现实的偏差。对粘性信息和粘性价格动态随机一般均衡模型的比较说明了预期对宏观经济波动的影响，相比于基于理性预期假设的粘性价格模型，粘性信息模型更加突出了预期对各类冲击传导机制的作用。在粘性信息模型下，家庭和厂商的预期和行为调整表现为分层次滞后，并分别进一步带来了宏观经济中总需求和总供给的缓慢调整，因此面对货币政策冲击，宏观经济可以表现出更贴近现实的驼峰形的缓慢调整。本章分析表明，预期对宏观经济具有全方位的深远影响，因此宏观经济分析框架需要纳入预期因素，这也为预期管理提供了理论基础。

第 5 章 | 宏观经济预测数据

预期是经济主体行为决策的核心，预测数据是分析经济主体预期形成过程的基础。政策制定部门在进行宏观经济调控时除了需要基于对经济前景的预期，还需要提前评估市场对政策的反应以预判政策效应；家庭和厂商的行为决策除了需要基于对自身情况的预期，也需要预判可能的政策调整和市场整体变化等因素。对任何经济主体来说，对未来经济发展的预测数据是非常重要的信息。一方面，预测数据可以帮助经济主体直接了解其他经济主体的偏好和对经济前景的判断，进而为个人决策提供参考。例如，中央银行可以通过厂商对生产者价格指数的预测和家庭对消费者价格指数的预测来预判市场供求情况，进而决定货币政策的宽松或紧缩程度，而市场则可以通过中央银行对利率的预测来预判其政策态度，进而调整下一步生产和消费计划。另一方面，预测数据体现了经济主体的预期形成过程，学者可以通过预测数据来总结微观主体形成预期的规律，并进一步分析影响预期的因素。例如，研究发现市场在经济下行时期对货币政策的反应不明显，相应地，政策制定过程中可以调整对政策影响的预判，或者以其他政策作为辅助手段。

本章首先介绍国内外主要的经济预测数据库，对其数据范围、数据结构和主要特点进行简要评析，并表明经济预测调查数据在研究经济主体预期及其形成过程中的重要作用。在此基础上，应用共识经济学数据库（Consensus Economics）的中国经济预期调查数据考察中国经济预期的特征，重点关注其中的国内生产总值和消费者价格指数变量，并分别检验其是否符合无偏性和有效性这两个理性预期的基本必要条件，最后综合以上结果讨论现实经济预期特征与理性预期假设的偏离。

5.1 国内外宏观经济预测数据库

本节将以常用的数据库为例介绍经济预测的数据结构和基本特征。相比于传统的横截面数据、时间序列数据和面板数据，经济预测数据在结构上更加复杂，除了需要考虑截面方面的国家和经济体、宏观变量、预测人员、时间上的预测时间和目标时间外，还需要考虑预测时间与目标时间之间的预测步长。基于目标时间和预测步长，经济预测可大体上分为固定目标预测和固定步长预测。在理性预期假说下，预测步长不会对预测结果产生影响，但在不完全信息理论下，不确定性会随着预测步长的增加而上升，进而影响预测结果。

世界经济展望（World Economic Outlook）数据库是涵盖国家和经济体最多、宏观变量最多的经济预测数据库。该数据库始于 1990 年，由国际货币基金组织（International Monetary Fund，IMF）在每年 4 月和 10 月伴随着主报告发布，包含 196 个国家的 44 个宏观变量。由于其主要作用在于检测各国宏观经济情况，因此只提供固定目标预测，预测目标为当年和未来 4 年的均值。该数据库的主要优势在于各变量的口径在跨国间的统一性，比如，虽然各国关于财政赤字的测算存在差异，数据库统一采用净贷款/借款（财政总收入减去财政总支出）和结构性财政平衡进行衡量。

利文斯顿调查（Livingston Survey）是关于经济预期最古老的调查数据项目之一，它始于 1946 年，目前由美国费城联邦储备银行管理。该调查项目针对主要宏观经济变量，以半年为周期，面向工业、金融业、学术界和政策部门的经济学家进行预期调查，受访者会提供对各变量在未来四个季度数值的固定期限预测，以及各变量的当年和下一年均值的固定目标预测，具体包括实际和名义国内生产总值、固定投资等季度变量，消费者价格指数、生产者价格指数、失业率等月度变量，以及基准利率、国债利率、股票价格指数等日度变量。

同样由美国费城联邦储备银行管理的专业预测者调查（Survey of Professional Forecasters）是最古老的季度经济预期调查项目，它始于 1968 年，在每个季度面向各行业的经济学家执行一次对美国各种宏观经济变量的预期调查。它要求受访者提供对名义和实际国内生产总值、消费者价格指数、个人消费支出、失业率、房屋开工率、企业税后利润和国债利率等 20 多种核心宏观经济变量的当前和未来共五个季度的季度平均值点预测以及未来四年的年度平均值点预测，还包括对国内生产总值、消费者价格指数和个人消费支出等主要宏观经济变量在未来十年内的平均年增长率的长期预测。除对经济变量的点预测外，该调查项目还要求受访者提供对实际国内生产总值增长率、国内生产总值平减指数、失业率、核心消费者价格指数和核心个人消费支出五个核心宏观经济变量的概率密度预测，问卷给定由小到大的不同范围的数值，由受访者填写不同数值区间所对应的概率，直至概率总和为 1。这样的概率密度预测调查允许受访者在调查中表达其预期的不确定性，相比于单纯的点预测可以提供更多的信息，有利于更深入地把握微观经济主体的预期和预期形成过程。

与之类似的，1999 年欧洲央行开始在欧元区范围内组织欧洲央行专业预测者调查（ECB Survey of Professional Forecasters），该调查每季度进行一次，全部受访者都是来自欧盟各个国家的金融和非金融机构的经济专家。这些受访者提供对欧元区的调和消费者物价指数（HICP）、国内生产总值和失业率等核心宏观经济变量的当前年度和下一年度的年度增长率点预测和概率密度预测，以及五年后增长率的长期点预测和概率密度预测。

除面向专业预测者的预期调查外，还存在许多面向家庭的消费者预期调查。在这方面具有代表性的预期调查数据有由美国密歇根大学管理的消费者调查（Survey of Consumers）和由美国纽约联邦储备银行管理的消费者预期调查（Survey of Consumer Expectations）。消费者调查始于 1946 年，每个月以电话采访的方式调查美国地区的抽样样本，询问家庭消费者对自身财务状况的前景、近期整体经济的前景，以及长期经济前景的看法。要求受访者提供对综合物价、汽油价格、失业率和收入等经济变量的一年和五年之后的变化方向的定性预测及一年后的增长率定量的点预测，调查还包括受访者的一些基本信息。消费者预期调查始于 2013 年，每个月通过互联网调查的方式采访美国户主的经济预期，除要求受访者提供对未来一年的通货膨胀率、失业率和利率的变化方向与程度的定性预测以及定量的点预测之外，还要求受访者提供对这些主要宏观经济变量的概率密度预测。

中国经济预期数据库建设起步于 20 世纪末。由政府机构管理的包含预期因素的调查，当前主要有由中国人民银行和国家统计局分别主导的调查项目。其中，中国人民银行主导的预期调查项目为"城镇储户问卷调查"，该调查是中国人民银行 1999 年建立的一项季度调查制度，每季度在全国 50 个大、中、小城市展开调查，由 400 个银行网点各随机抽取 50 名储户，全国共 20 000 名储户作为调查对象，调查内容包括储户对经济运行的总体判断、储蓄及负债情况、消费情况、储户基本情况等四个方面并形成多种指数，其中物价预期指数、收入信心指数和就业预期指数反映了家庭消费者与劳动者对未来经济发展的预期。指数的编制是基于受访者对选择题的回答，对于每一方面的问题，受访者都在"好/增长"、"一般/不变"、"差/下降"三个选项中择一表达对未来经济发展的预期，之后以扩散指数法计算出相应的指数，即分别赋予三种选项 1、0.5 和 0 的权重并计算各选项占比，将各选项的占比乘以相应的权重，再相加即计算出最终的指数。所有指数取值范围在 0 ~ 100%，指数在 50% 以上，反映该项指标处于向好或扩张状态；低于 50%，反映该项指标处于变差或收缩状态（肖争艳等，2011；黎文靖和郑曼妮，2016；孙坚强等，2019）。

国家统计局为支持经济景气分析而开展的"企业景气调查"、"消费者信心调查"和"经济学家信心调查"三个调查项目也包含经济主体对未来经济发展的预期。其中，"企业景气调查"为季度调查，调查对象是全国大、中、小型企业单位的负责人，采用与单位规模成比例的概率抽样方法，全国共抽中样本单位逾50万家，调查范围覆盖工业、建筑业、批发和零售业等国民经济主要行业；"消费者信心调查"为月度调查，调查对象是全国消费者，调查在全国选取15个省（自治区、直辖市）作为代表样本地区，采用随机抽样方法，共抽中城乡消费者逾6000名，采取电话调查方式进行调查；"经济学家"信心调查为季度调查，面向高等院校、经济管理部门、金融机构和其他研究机构的约200名专家，每季度有近100位经济学家参与调查。三个调查的问题都涵盖受访者对未来六个月的经济预期，与中国人民银行的问卷调查相同，要求受访者在"上升"、"不变"、"下降"三个选项中择一回答问题，之后通过扩散指数法编制预期指数来定量体现预期变化。

在中国非政府机构管理的预期调查方面，也以对预期方向的定性考察为主。例如，由北京大学国家发展研究院主导的每季度发布的中国消费者信心指数报告，与中国人民银行的问卷调查方法类似，要求受访者在"好"、"持平"、"差"三个选项中择一，不过更细化到了住房、教育、医疗等不同领域；由西南财经大学主导的中国家庭金融调查中有问题询问了受访者对未来经济、利率和房价的预期，同样通过"上升"、"不变"、"下降"的三元选项定性的衡量受访者的预期方向。此外，也有调查从定量角度考察中国经济主体的预期，如由中国人民大学应用经济学院主导的中国家庭宏观经济预期调查，该调查面向中国的一线和二线城市家庭开展，在定性的预期之外，还要求受访者提供定量的点预测和概率密度预测，同时还考察了受访者对最近的经济实践和突发经济冲击的响应。还有研究使用了《证券市场周刊》组织的"中国宏观经济预测"（又名"远见杯"）的预测数据（张成思和芦哲，2014，2016；张成思和田涵晖，2020），该项目自2001年第1季度开始，邀请各机构在每个季度初对本季度消费者价格指数同比增长率等宏观指标提出定量的点预测，相比于只给出预期方向的定性预测，定量预测可以支持对微观经济主体预期形成过程的进一步研究，但由于该调查询问的是受访者对当前季度变量的预测，因此无法考察预测者的预期修正（即在不同时间对同一变量的两次预测的差值），从而无法构成面板形式的预期调查数据，限制了对预期特征事实的更多维探索。

5.2　经济预测数据结构与特征

本节基于共识经济学数据库（Consensus Economics）的中国经济预期调查数据讨论中国经济预期的多维特征。该调查从1995年1月开始，每月进行一次，要求来自全球多所金融机构和智库的经济学家提供对中国国内生产总值、消费者价格指数、生产者价格指数、消费品零售总额、固定资产投资和工业生产指数等多个宏观经济变量的当年和下一年的年度增长率数值的预测。该数据相比以上提及的中国预期调查数据主要有三点拓展：首先，它提供了对各经济变量具体数值的点预测，这支持了对经济预期的更准确和深入地量化研究。其次，它除提供汇总的平均预测外，还提供了每位受访者提出的个体预测。最后，它每个月进行一次，在每个月的调查中都包含受访者对当前和下一年度变量平均增长率的预测，因此对于每一个目标变量都有 12 个不同预期范围的预测，从而数据是面板结构的，可以考察对同一目标变量的两次预测之间的修正（图 5.1）。由于这三个性质，可以利用该数据考察中国经济预期的多维特征。

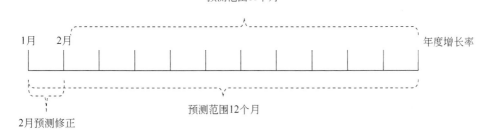

图 5.1   预期调查数据的面板结构示意图

该调查为记名调查，因此可以认为参与的受访者有足够激励去提供尽量准确的预测。在样本时间范围内，许多机构经历了合并和重组，因此使用该数据需要详细追溯每个机构的变化来使相应的个体预测得以连贯。在后续利用该数据的研究中，本书只关注该数据中的国内生产总值（GDP）和消费者价格指数（CPI）的预测数据，一方面是因为这两种变量是该调查所涵盖的范围中最核心的宏观经济变量，几乎所有的受访者都在每次调查中均提供了对这两个变量的预测，而其他变量则存在较多的缺失值；另一方面，国内生产总值（GDP）和消费者价格指数（CPI）分别反映了经济中最重要的实际变量（产出水平）和最重要的名义变量（价格水平），其他变量都与这两个变量存在较强相关性。例如，根据奥肯定律，失业率和产出水平之间存在强相关性，而工业生产指数则可以视为国内生产总值的更高频指标，其他变量如消费品零售总额和固定资产投资等最终也都将反映到产出水平（GDP）之上，生产者价格指数作为经济价格水平的另一种度量，与消费者价格指数也存在较强相关性，因此对国内生产总值和消费者价格指数两种变量的预期考察足以较全面地反映经济主体对宏观经济的预期。

基于共识经济学数据库收录的对中国经济预期调查数据测度，图 5.2 对比了专业预测者预期的平均值和变量真实值的时间序列。专业预测者的平均预期为年度平均预期，即首先分别计算一年内 12 次调查的平均预期，之后取该预期的平均值作为年度平均预期。

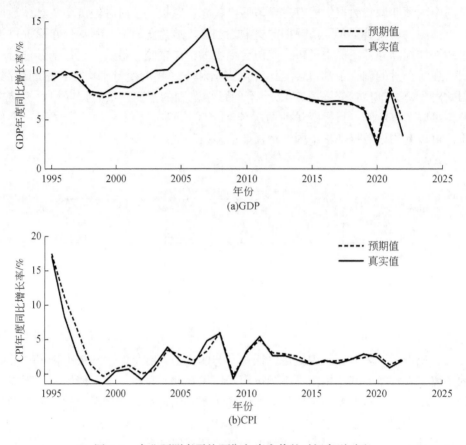

图 5.2　专业预测者平均预期与真实值的时间序列对比

在国内生产总值实际增长率即经济增长方面，专业预测者的平均预期走势和波动与变量的真实值十分接近，两者的相关系数为 0.89。在 1995 年至 2001 年中国加入世界贸易组织（WTO）之前，专业预测者对中国产出增长的预期与真实值之间的差距很小，而在 2001 年中国加入世界贸易组织之后至 2008 年全球金融危机之前的经济快速增长时期，专业预测者对中国产出增长的预期与真实值之间的差距不断扩大，表现为预期经济增长总是小于实际经济增长，出现该现象的原因在于中国加入世界贸易组织之后实现了多方面的快速发展，创造了世界经济史上罕有的经济增长奇迹，经济主体形成的预期难于预见这种特殊的增长速度，对经济产出增长的预期不及真实值。

受全球金融危机影响，2008 年中国经济的增长速度也有所下滑，其中 2009

年经济主体对中国经济增速的预期远低于真实值，这部分是由于经济主体高估了全球金融危机对中国经济增速的影响，同时也由于中国实施的扩张性的逆周期宏观调控政策发挥了减缓经济衰退的作用。随着全球金融危机的冲击性影响逐渐减弱，以及中国经济发展进入新常态后经济增速的放缓，经济主体对中国经济增长的预期与真实值之间的差距进一步缩小，表现为平均预期几乎与真实值相同。受新冠疫情的冲击影响，2020 年中国经济增长速度陡降，经济主体的预期对该冲击造成的衰退以及 2021 年经济复苏都做出了一致反应。

在消费者价格指数增长率即经济的通货膨胀方面，专业预测者的预期与真实值更为接近，两者的相关系数为 0.96，图像和数据都表明经济主体对中国通货膨胀的预期误差总体小于对产出增长的预期误差，部分原因在于中国经济的价格水平波动要小于产出波动，特别是 21 世纪以来中国的价格水平相对平稳。在 20 世纪 90 年代中期，由于市场经济体制改革带来的价格调整，叠加投资和交易增加带来的经济过热，导致在当时出现了较为严重的通货膨胀，之后随着国家采取紧缩性的货币政策，通货膨胀不断被遏制。从图 5.2 中可以看出，在 1995 年至 1999 年中国通货膨胀率的真实值不断下降，而在这期间经济主体对通货膨胀率的预期值系统性地高于真实值，部分原因在于经济主体低估了紧缩性货币政策的效果。在这之后，中国的通货膨胀水平进入了平稳波动阶段，经济主体的预期与变量的真实值十分接近，其中中国通货膨胀在 2007 年和 2011 年分别出现两次峰值，前者是由于 2008 年全球金融危机爆发前中国经济的快速增长，后者是由于为应对 2008 年金融危机而采取的扩张性宏观调控政策带来的价格水平上涨，对于这两次波动，经济主体的预期值和真实值表现一致。总体而言，专业预测者对经济的产出增长和通货膨胀的平均预期表现良好，与真实值的动态十分接近。

关于经济预测，两个重要的指标分别是预测误差和预期修正。以平均预测为例，定义在 t 时期预期步数为 h 的预期误差（FE_{th}）为：

$$FE_{th} = x_{t+h} - F_t(x_{t+h}) \tag{5.1}$$

式中，x_{t+h} 表示 $t+h$ 时期经济变量的真实值；$F_t(x_{t+h})$ 表示在 t 时期对 $t+h$ 时期经济变量的平均预期值。因此，在 t 时期，预期范围为 h 的平均预期误差 $FE_{t,h}$ 被表示为真实值减去预期值。

类似的，定义 t 时期平均预期修正（FR_{th}）为本期预测减去上期对相同目标时期的预测：

$$FR_{th} = F_t(x_{t+h}) - F_{t-1}(x_{t+h}) \tag{5.2}$$

对中国经济预期调查数据的描述性统计如表 5.1 所示。预测者对中国国内生产总值和消费者价格指数增长率的平均预期误差分别为 0.61 和 -0.46，二者均显著区别于 0，这表明预测者对中国经济的产出和价格水平的预期存在着系统性偏误。对国内生产总值和消费者价格指数增长率的平均预期修正分别为 0.00 和 -0.06，后者显著区别于 0，也表示预测者对通货膨胀的预期存在系统性偏差。基于 AR（1）估计的序列持续性显示，国内生产总值增长率真实值的持续性为 0.71，而预期值的持续性更小，为 0.49；消费者价格指数增长率真实值的持续性为 0.35，预期值的持续性为 0.47，二者较为接近。

表 5.1 描述性统计

项目	经济增长	通货膨胀
预期误差均值	0.61***	−0.46***
预期修正均值	0.00	−0.06***
真实值持续性 （标准误）	0.71*** （0.17）	0.35*** （0.10）
预期值持续性 （标准误）	0.49** （0.18）	0.47*** （0.09）

注：持续性基于 AR（1）估计；*、**、***分别表示在 10%、5% 和 1% 显著度水平下显著区别于 0

5.3　对理性预期假说的基本检验

在上一节基于预期数据的图像和描述性统计结果已经阐释了经济主体对中国经济的预期的一些基本特征，要理解这些基本特征背后的预期形成机制则需要更深入地检验，有关经济主体预期形成机制的最著名假设就是理性预期假设，本节将利用共识经济学数据库的中国经济预期调查数据进行理性预期检验。

5.3.1　预期的无偏性

理性预期假设认为经济主体能够利用当时所有的信息，并依据正确的经济规律对未来经济的发展做出合理预期，这意味着如果未来没有意料外的冲击发生，经济变量的真实值应该与经济主体当初的预期值完全一致。由于预期误差完全由不可预知的外生冲击导致，表现为随机游走（random walk），一个主要特征是均值为 0。换言之，理性经济预测不应该存在系统性的高估或者低估，具有这样性质的预期被称为无偏的。

无偏性可以根据其定义使用简单的统计分析来检验，如表 5.2 列出了预测者对中国国内生产总值和消费者价格指数增长率的平均预测误差，结果显示其均显著区别于 0，这表明专业预测者对中国经济的预期并非无偏的，从这一点上可以初步拒绝理性预期假设。进一步地，预测者在一年的 12 个月内对当年经济变量的增长率做出 12 次预测，这 12 次预测的预期范围由 12 个月递减至 1 月，分别计算其预测误差均值列于表 5.2。结果显示，预测者对中国国内生产总值增长率的平均预期误差除预期范围为 12 个月的平均预期误差没有显著区别于 0 外，其他预期范围的平均预期误差均显著不等于 0；预测者在 12 个预期范围内对中国消费者价格指数增长率的预期误差均显著不等于 0，该结果进一步拒绝了预期的无偏性和理性预期假设。

表 5.2　不同预期范围的预期误差

预期范围/月	经济增长	通货膨胀
12	0.53	−0.70 *
11	0.55 *	−0.70 *
10	0.57 *	−0.67 **
9	0.67 **	−0.67 **
8	0.63 **	−0.64 **
7	0.71 ***	−0.58 **
6	0.69 ***	−0.41 **
5	0.60 ***	−0.39 **
4	0.60 ***	−0.32 **
3	0.59 ***	−0.23 **
2	0.58 ***	−0.13 **
1	0.57 ***	−0.08 **

注：表中所列为预测者在对应预期范围的平均预期误差，＊、＊＊、＊＊＊分别表示在 10%、5% 和 1% 显著度水平下显著区别于 0

　　为进一步理解预期误差在不同预期范围显示出的特点，图 5.3 绘制了随预期范围缩小，预期误差及其标准差的变化情况。从中可以看出，在对中国国内生产总值增长率的预期方面，随着预期范围的缩小，预期误差的均值并没有出现明显变化，始终保持着正的平均误差，而预期误差的标准差则明显地不断缩小，这表明尽管在不同的预期范围内，专业预测者对所有年度中国国内生产总值增长率的平均预期误差都具有相似的数值，但是随着预期范围的缩小，不同年度的专业预测者对中国国内生产总值增长率的预期误差的差异在不断减小。在对中国消费者价格指数增长率的预期方面，随着预期范围的缩小，预期误差的均值和标准差都在不断减小并向 0 值靠近，在预期范围为 0 个月，即 12 月份做出的预期误差几乎接近于 0。

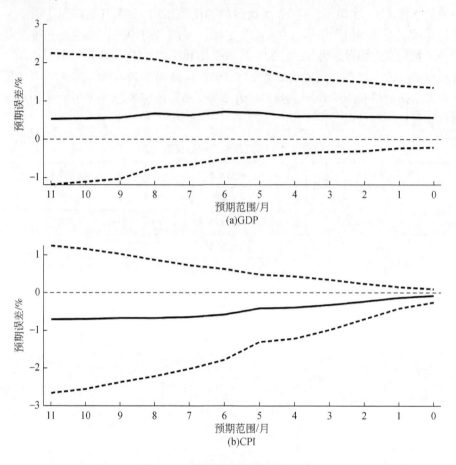

图 5.3　不同预期范围的预期误差
注：实线代表系数的估计值，短虚线代表 1 个标准差区间，水平的长虚线代表预期误差为 0

这一特征不同于对国内生产总值预期误差的几乎不受预期范围影响，一方面，这可能是由于有关价格特别是消费者价格指数的相关信息更容易获取，因此随着时间节点的接近，经济主体依据更多的信息做出了更准确的预期，而有关国内生产总值的信息更为繁杂，即使预期范围不断缩小，受能力所限，经济主体的预期依然存在误差。另一方面，在理性预期假设中，经济主体的预期误差仅由意外冲击导致，由于专业预测者做出的是对变量年度增长率的预期，随着时间的推移，一年中的意外冲击逐渐被揭示，因此越晚做出的预期，误差将越小，从这一角度而言，专业预测者对中国消费者价格指数增长率的预期更符合理性预期假设的行为机制，而对中国国内生产总值增长率的预期则更明显地偏离了理性预期假设。

对预期无偏性的检验也可以通过回归分析进行，预期的无偏性意味着预期值围绕着变量的真实值随机波动，并且残差均值为 0，因此构建如下回归方程：

$$x_{t+h} = \alpha + \beta F_t(x_{t+h}) + \varepsilon \tag{5.3}$$

式中，x_{t+h} 为变量在 $t+h$ 时期的真实值；$F_t(x_{t+h})$ 为在 t 时期对其做出的预期值；ε 为均值为 0 的残差，如果预期是无偏的，在式（5.3）中应意味着 $\alpha = 0$，并且 $\beta = 1$。

表 5.3 列出了依据式（5.3）将所有预期范围的预期混合回归进行的预期的无偏性检验结果。对于国内生产总值和消费者价格指数的回归，系数 α 均接近于 0，仅在 10% 显著度下区别于 0，在两个回归结果中系数 β 的估计值分别为 1.16 和 0.90，均在 1% 显著度下区别于 0，虽然对二者进行 $\beta = 1$ 的 Wald 检验的结果均显示在 1% 显著度下拒绝 $\beta = 1$ 的原假设，但是二者的估计值均接近 1，这表明预测者对中国宏观经济的预期并非无偏，但是偏差较小。两个回归的 R^2 分别为 0.72 和 0.89，显示模型的拟合优度较高。

表 5.3 预期的无偏性检验

	GDP	CPI
α	-0.66*	-0.14*
	(0.34)	(0.07)
β	1.16***	0.90***
	(0.04)	(0.03)
R^2	0.72	0.89

注：表中所列为回归系数，括号内为标准误；*、**、*** 分别表示在 10%、5% 和 1% 显著度水平下显著区别于 0

总体而言，基于统计分析和回归分析的结果都显示，共识经济学数据库的中国经济预期调查数据中预测者对中国宏观经济的预期并非无偏。

5.3.2 预期的有效性

预期的无偏性衡量了经济主体预期与真实值之间的误差，除预期的无偏性之外，理性预期假设中还包含了预期的有效性的概念。预期的有效性衡量了经济主体是否依据可用信息做出了最优预期，如果经济主体已经做到了最优预期，那么事后的预期误差就仅由其所用的事前信息之外的因素导致，因此预期误差应与这些信息无关。相反地，如果经济主体没有做到最优预期，那么预期误差将与其所用信息相关，这表明更充分地利用信息还可以使预期误差进一步降低，预期还存在改进空间。预期的有效性可被区分为强有效性和弱有效性（Nordhaus，1987），强有效性含义为经济主体依据当时所有可用信息做出了最优预测，假设 t 时期所有可用的信息集为 I_t，预期的强有效性意味着：

$$\text{Min}\left\{(\text{FE}_{t,h})^2 \mid I_t\right\} \tag{5.4}$$

即在给定所有可用信息集下，经济主体做出的预期使其预期误差最小，这也是理性预期假设内涵的一部分，因此预期的强有效性是理性预期的必要条件。然而强有效性难以被直接检验，因为在实证检验中不可能完全认定某个时期所有的可用信息，因此衍生出弱有效性的概念。弱有效性含义为经济主体依据其所掌握的所有信息做出了最优预测，在弱有效性下，经济主体的每次预期都基于其在当时所掌握的所有信息，因此在任意的 t 时期，截至当时经济主体掌握的所有信息就直接体现在其当前和过去的历次预期中，因此预期的弱有效性意味着：

$$\text{Min}\left\{(\text{FE}_{t,h})^2 \mid J_t\right\}$$
$$I_t \supset J_t = \left\{F_t(x_{t+h}), F_{t-1}(x_{t+h}), \cdots, F_{t-\infty}(x_{t+h})\right\} \tag{5.5}$$

即在给定当前和过去的所有预期下，经济主体做出的当前预期使其预期误差最小。在这种定义下，预期的弱有效性可以得到实证检验，因为在预期调查数据中经济主体所做出的所有预期都是已知的。从预期的强有效性和弱有效性的定义中可以看出，一旦经济主体的预期违背弱有效性，则其必定也违背强有效性。

应注意到，在 $t+h$ 时期做出的共识预期就等于 $t+h$ 时期变量的真实值，即 $F_{t+h}(x_{t+h}) = x_{t+h}$，因此根据预期误差和预期修正的定义式（5.1）和式（5.2），可以推导出如下关系：

$$\text{FE}_{t,h} = F_{t+h}(x_{t+h}) - F_t(x_{t+h}) = \text{FR}_{t+1} + \cdots + \text{FR}_{t+h} \tag{5.6}$$

式（5.6）满足高斯-马尔科夫定理的假定，因此这意味着经济主体做出的使预期误差最小化的预期就是对变量的无偏预期。根据式（5.5），在预期的弱有效性成立的前提下，存在以下关系：

$$E(\text{FE}_{t,h} \mid J_t) = 0$$
$$E(\text{FE}_{t,h} \mid \text{FR}_t + \cdots + \text{FR}_{t-\infty}) = 0 \tag{5.7}$$

结合（5.6）式和（5.7）式，可进一步推导出：

$$E(\text{FR}_{t+1} \mid \text{FR}_t + \cdots + \text{FR}_{t-\infty}) = 0$$
$$\cdots$$
$$E(\text{FR}_{t+h} \mid \text{FR}_{t+h-1} + \cdots + \text{FR}_{t-\infty}) = 0 \tag{5.8}$$

式（5.8）表明，在预期弱有效性成立的情况下，任何时期的预期修正都与之前的所有预期修正不相关。换言之，在预期弱有效性成立的情况下，预测者做出的预期修正应该是不可预测的，具体表现为随机游走。由于在本书使用的预期调查数据中预测者在一年内的每一个月都给出对当前年度增长率的预测，因此预期修正是可得的，依据该原理，可以构建回归方程检验预期的弱有效性：

$$FR_t = \beta_1 FR_{t-1} + \varepsilon \qquad (5.9)$$

$$FR_t = \sum_{j=1}^{\infty} \beta_j FR_{t-j} + \varepsilon \qquad (5.10)$$

其中，式（5.9）将任一时期的预期修正对其滞后项回归，如果系数 β_1 显著，则表明预期修正与其滞后项相关，或者说预期修正可由其滞后项系统性地预测，这表明预期不具有弱有效性。式（5.10）是对式（5.9）检验方法的扩展，将任一时期预期修正的对其多期（无限期）滞后项回归，如果有系数 β_j 显著，则表明预期修正与其滞后项相关，同样表明预期不具有弱有效性。

表5.4 列出了依据式（5.9）的回归结果。在关于经济增长率预测和通货膨胀率预测的两个回归中，系数 β_1 的估计值分别为 0.32 和 0.46，均在 1% 显著度下显著区别于 0。这表明，专业预测者对中国国内生产总值和消费者价格增长率的预期修正均与其滞后项相关，可由滞后项系统性地解释，正的系数意味着平均而言，在一次正的预期修正之后下一次预期修正将在正方向上加强，在一次负的预期修正后下一次预期修正将在负方向上加强。该回归结果表明预测者对中国国内生产总值和消费者价格增长率的预期均不具有弱有效性。

表 5.4　预期的弱有效性检验

	GDP	CPI
β_1	0.32***	0.46***
	(0.11)	(0.12)
R^2	0.11	0.23

注：表中所列为回归系数，括号内为标准误；*、**、***分别表示在 10%、5% 和 1% 显著度水平下显著区别于 0

表5.5 报告了依据式（5.10）进行的检验结果。在引入预期修正的二阶和三阶滞后项后，无论是对于国内生产总值还是消费者价格指数的回归，预期修正的一阶滞后项系数 β_1 的估计值依然显著，表明引入多阶滞后项的回归检验依然可以拒绝预期的弱有效性。在被解释变量为国内生产总值预期修正的回归中，二阶和三阶滞后项均与 0 无显著差异，表明预测者对国内生产总值增长率的预期修正仅与其一阶滞后相关；而在被解释变量为消费者价格指数预期修正的回归中，二阶和三阶滞后项系数的估计值均显著为正，表明预测者对消费者价格指数增长率的预期修正与其多阶滞后相关。

表 5.5　预期的弱有效性检验

	GDP	CPI
β_1	0.24*** (0.03)	0.27* (0.14)
β_2	−0.00 (0.03)	0.20** (0.10)
β_3	−0.00 (0.08)	0.21** (0.10)
R^2	0.16	0.34

注：表中所列为回归系数，括号内为标准误；*、**、***分别表示在 10%、5% 和 1% 显著度水平下显著区别于 0

综合表 5.4 和表 5.5 的结果，可以认定预测者对中国国内生产总值和消费者价格指数年度增长率的预期均显著违背了弱有效性，即预测者并没有依据其掌握的所有信息做出最优无偏预期，可能由于行为特征等因素，他们的预期存在系统性偏差和改进空间。其预期违背了弱有效性，自然也就违背了强有效性。由于强有效性是理性预期的一个必要条件，从这一点上也可以表明预测者对中国经济的预期违背了理性预期假设。

5.4　本 章 小 结

基于专业预测者对中国经济的预测数据，本章对预期的无偏性和有效性进行了检验，结果表明该预期显著背离了无偏性和有效性。由于这两条性质是理性预期假说的必要条件，这意味着预测者对中国宏观经济的预期显著违背了理性预期假设。

事实上，这并非一个出人意料的结果，理性预期假设是一个首先诞生于理论而非现实的强假设，自其开始被提出的 20 世纪六七十年代起，就出现了一系列检验理性预期假设的实证研究，而针对多个经济体和多种经济变量预期的绝大多数的研究结果均表明预期显著违背了理性预期假设。例如，Zarnowitz（1985）最早利用美国的专业预测者调查数据研究预期是否符合理性预期假设，结果表明专业预测者对美国宏观经济变量的预期是显著偏离理性预期的。Lovell（1986）提供了一个早期理性预期检验的实证研究综述，大量使用美国商务部的制造商销售和库存预期调查（Manufacturers' Inventory and Sales Expectations Survey）、密歇根家庭消费者预期调查及政府预算预期等多种预期数据的实证研究表明，经济主体的预期显著偏离了理性预期。Nordhaus（1987）利用多种宏观经济变量预测和能源预测数据的研究表明，经济主体对宏观经济和能源的预期违背了预期的弱有效性从而违背了理性预期。

　　一系列证据都表明，经济主体的预期形成过程远非理性预期假设描述的那样理想，而应该是具有更多复杂的特征，因此不完全信息和有限理性等预期形成过程的理论被提出并得到重视，在此之后，更多的实证研究在验证经济主体复杂预期形成过程的同时也进一步拒绝了理性预期假设。本书的后续章节将对中国经济预期的更复杂形成过程进行深入探讨。

第6章 | 预期形成过程的状态依存性

理性预期理论为预期和经济动态的研究带来了里程碑式的发展，但严苛的假设使其理论和现实产生偏离，自理性预期理论提出以来，大量的实证研究都表明现实中经济主体的预期形成过程并不符合理性预期。本书第5章的分析表明经济主体对中国宏观经济的预期显著拒绝理性预期假设，这主要是因为理性预期理论忽视了经济主体获取、认知和处理信息的成本与能力的局限性。对此，理性预期理论之后的一支研究在认同经济主体是理性的基础上，分别从信息的成本和处理信息的能力两方面强调经济主体预期形成过程中的局限性对预期特征的影响，共同形成了不完全信息预期理论；另有一部分研究从现实中观察到的经济主体预期系统性的反应不足和反应过度出发，提出了预期形成的有限理性理论。这些理论揭示了更复杂的预期形成过程，并且均在现实数据中得到了一定程度的验证。研究进一步表明，经济主体的复杂预期形成过程具有状态依存性，在经济平稳和波动时期，经济主体预期形成过程中的信息粘性将会发生显著变化。

本章将首先介绍经济主体预期形成过程的不完全信息理论，它包含由 Mankiw 和 Reis（2002）提出的粘性信息模型（Sticky Information Model）和由 Sims（2003）和 Woodford（2003）提出的噪声信息模型（Noisy Information Model）。然后，将介绍如何将这两种模型涵盖进一种计量框架中，并且应用这种计量框架对中国宏观经济预期的不完全信息特征进行检验和评估。接着，应用相似的计量框架，在个体预期层面对中国宏观经济预期的有限理性特征进行评估。最后将介绍如何测度时间序列的中国宏观经济信息粘性，并基于这一指标讨论和展示经济主体预期形成过程中信息粘性的状态依存性。

6.1 不完全信息与有限理性

6.1.1 不完全信息下的预期形成

虽然理性预期假设被大量实证分析证明过于理想，但其思想仍具有重要启发意义。为了刻画更符合现实的预期形成过程，基于理性预期和不完全信息的理论被提出，其中最具代表性的是 Mankiw 和 Reis（2002）提出的粘性信息模型、Sims（2003）和 Woodford（2003）提出的噪声信息模型。早期对理性预期的检验策略虽然能够验证或拒绝理性预期假设，但是对经济主体预期形成过程的揭示程度有限，无法从中直接验证预期的不完全信息性质。从以上两种带有信息摩擦的预期形成理论出发，Coibion 和 Gorodnichenko（2015）推导出一个简洁有力的不完全信息预期检验框架，该框架除了可以检验信息摩擦是否存在，还可以对摩擦程度进行量化。

粘性信息模型假设经济主体是理性的，但是信息是有成本的，因此经济主体面临获取更多信息的成本和依据更多信息做出更准确预期的收益之间的权衡。这种成本和收益间的权衡使得经济主体会选择获取最优水平的信息而非全部的信息，即理性的经济主体有意地忽略了一部分信息，这样的预期形成机制带来了依据不完全信息形成的预期。Reis（2006a；2006b）对这一行为进行进一步的理论研究，发现在特定假设下，经济主体在每个时期都有一个固定的概率 λ 更新其信息，而有（$1-\lambda$）的概率选择不更新信息。因此从整体看来，经济主体的信息由不存在滞后到存在无穷期滞后分层次分布，（$1/\lambda$）是信息更新的平均周期。在任意时期 t，经济主体依据其各自掌握的信息形成预期，因此经济中的平均预期 $F_t(x_{t+h})$ 为信息滞后程度不同的群体的加权平均：

$$F_t(x_{t+h}) = \lambda \sum_{i=0}^{\infty} (1-\lambda)^i E_{t-i}(x_{t+h}) \tag{6.1}$$

同理，经济主体在上一期的平均预期可表示为：

$$F_{t-1}(x_{t+h}) = \lambda \sum_{i=0}^{\infty} (1-\lambda)^i E_{t-1-i}(x_{t+h}) \tag{6.2}$$

由式（6.1）和式（6.2）推导可得，t 时期的平均预期为上一期平均预期与当期的理性预期的加权平均：

$$F_t(x_{t+h}) = (1-\lambda) F_{t-1}(x_{t+h}) + \lambda E_t(x_{t+h}) \tag{6.3}$$

由于经济主体是理性的，因此根据理性预期假设，t 时期的理性预期和所预期（$t+h$）时期变量的真实值之间的差异仅由这期间发生的意料外冲击 $\varepsilon_{t+h,t}$ 决定：

$$x_{t+h} = E_t(x_{t+h}) + \varepsilon_{t+h,t} \tag{6.4}$$

由式（6.3）和式（6.4）可得：

$$x_{t+h} - F_t(x_{t+h}) = \frac{(1-\lambda)}{\lambda}(F_t(x_{t+h}) - F_{t-1}(x_{t+h})) + \varepsilon_{t+h,t} \tag{6.5}$$

依据 5.1 节的式（5.1）和式（5.2）所定义的平均预期误差和平均预期修正，可将上式重新表示为：

$$FE_{t,h} = \frac{(1-\lambda)}{\lambda} FR_{t,h} + \varepsilon_{t+h,t} \tag{6.6}$$

式（6.6）体现了信息粘性 λ 在平均预期误差和平均预期修正的关系中的作用。当经济中存在信息粘性时，$0<\lambda<1$，式（6.6）表明此时经济主体的平均预期误差和平均预期修正具有相关性，事后的平均预期误差可由事前的平均预期修正系统性地预测。这也意味着经济主体的预期偏离了理性预期，$(1-\lambda)$ /$\lambda>0$ 说明可以根据正向的平均预期修正预测出正向的平均预期误差，这种可预测性来源于信息在经济主体间的缓慢传播。当在某个时期经济出现导致目标经济变量扩大的意料外冲击时，在同期认识到冲击的经济主体会正向调整预期，使得在总体层面出现正向的平均预期修正。

这部分经济主体的预期不存在预期误差，然而由于信息的缓慢传播，有另外一部分经济主体没有认识到冲击的发生，他们的预期与真实值之间将会产生正向的预期误差，因此在总体层面表现为平均预期修正意味着同向的平均预期误差，$(1-\lambda)$ /λ 就体现了信息粘性和信息缓慢调整的程度。当经济不存在信息粘性，即 $\lambda=1$ 时，经济主体的平均预期误差和平均预期修正不相关，满足理性预期的一个必要条件。

相似结构的等式也可从噪声信息模型中推导出。该模型同样基于理性预期和不完全信息假设，但不完全信息并非如粘性信息模型假设的那样来自经济主体掌握滞后的信息。在该模型中，经济主体始终实时更新信息，但受限于对信息的处理和理解能力，他们无法掌握信息所包含的准确的经济状态，只能得到一个包含噪声的信号。具体来说，假设经济变量的真实值遵循一阶自回归过程：

$$x_t=\rho x_{t-1}+v_t \tag{6.7}$$

式中，ρ 为自回归系数，衡量了经济变量的内在持续性；冲击项 v_t 服从均值为 0 的正态分布，且在不同时间独立同分布。每个经济主体都无法掌握经济变量的真实值信息，而只能各自观测到一个包含噪声的信号：

$$y_{it}=x_t+w_{it} \tag{6.8}$$

式中，噪声项 w_{it} 服从均值为 0 的正态分布，且在不同经济主体和时间都独立同分布。鉴于在任意一个时期 t，经济主体无法观测到同期经济变量的真实值，因此其同时利用观测到的噪声信号和上一期的预测值，以卡尔曼滤波的方式形成对当前经济变量进行预测：

$$F_{it}(x_t)=Gy_{it}+(1-G)F_{it-1}(x_t) \tag{6.9}$$

式（6.9）的含义为经济主体依据卡尔曼滤波的规则，结合观测值和上一期预测值形成对当前经济变量状态的预测，其中 G 表示经济主体依据噪声对两者分配的权重。当观测到的信号不存在噪声时，经济主体将完全依据观测值，此时 $G=1$；而当观测信号存在噪声时，经济主体将部分依据观测值，部分依据上期的预测值，此时 $0<G<1$。由于上期的预测值 F_{it-1} (x_{t+h}) 完全依据上期的信息产生，

因此 G 反映了经济的信息摩擦程度，$0<G<1$ 表明经济存在一定的信息粘性。在式 (6.9) 的基础上，依据序列相关性对经济变量的未来值进行预测：

$$F_{it}(x_{t+h}) = \rho^h F_{it}(x_t) \qquad (6.10)$$

加总所有经济主体的个体预测，同样得到平均预期和经济变量真实值之间的关系：

$$x_{t+h} - F_t(x_{t+h}) = \frac{(1-G)}{G}\left[F_t(x_{t+h}) - F_{t-1}(x_{t+h})\right] + \varepsilon_{t+h,t} \qquad (6.11)$$

$$\mathrm{FE}_{t,h} = \frac{(1-G)}{G}\mathrm{FR}_{t,h} + \varepsilon_{t+h,t} \qquad (6.12)$$

值得关注的是，由噪声信息模型推导出的式 (6.12) 与由粘性信息模型推导出的式 (6.6) 除参数设定不同外，在形式上如出一辙。该式表明了信号噪声程度对平均预期误差和平均预期修正之间关系的影响。当经济主体观测到的信号是噪声信号时，由于无法确定新信号的改变是来自于经济变量的改变还是来自于噪声，只为观测的信号赋予部分权重，而将另一部分权重赋予上一期的预测值，此时 $0<G<1$，而 $(1-G)/G>0$ 意味着平均预期误差可由平均预期修正系统性地预测，这种可预测性的来源同样是信息的缓慢传播。

由于经济主体将形成预期的一部分权重赋予给上一期的预测值，在新的时期由于这部分过去的预测是不变的，因此经济主体依据新信息调整预期的幅度总是不及经济变量真实值的调整幅度，表现为总能根据平均预期修正预测出同向的预测误差，$(1-G)/G$ 也反映了经济的信息粘性或信息调整的缓慢程度。当经济主体观测到的信号并非噪声信号时，其完全依据新的观测值形成对经济变量的预期，此时 $G=1$，经济的平均预期误差和平均预期修正无关，满足理性预期的一个必要条件。

6.1.2　检验信息摩擦

由噪声信息模型推导出的式 (6.12) 与由粘性信息模型推导出的式 (6.6) 都表明经济预期的不完全信息性质可由平均预期误差和平均预期修正的相关性检验，并且两者关系的参数估计直接体现了信息摩擦的程度。由于在中国经济预测数据中，经济的平均预期误差和平均预期修正都是可获得的，因此建立如下的实证检验框架：

$$\mathrm{FE}_{t,h} = \beta_0 + \beta_1 \mathrm{FR}_{t,h} + \varepsilon_{t,h} \qquad (6.13)$$

将经济的平均预期误差对平均预期修正回归，估计系数 β_1 就体现了经济的信息摩擦程度并帮助检验理性预期假设，$\beta_1 \neq 0$ 意味着经济的事后平均预期误差可由事前的平均预期修正系统性地预测，从这一点上可以拒绝理性预期假设。更进一步地，β_1的估计值在粘性信息模型和噪声信息模型中分别代表 $(1-\lambda)/\lambda$ 和 $(1-G)/G$ 的估计值，从中可以计算经济主体信息更新周期数值 $1/\lambda$ 和为新信号赋予的权重 G，β_1估计值越大也表明经济具有更大的信息粘性。

表 6.1 的前两列列出了依据式（6.13）对所有预期范围的预测进行的混合回归结果。在国内生产总值和消费者价格指数增长率的预期的回归中，系数β_1的估计值分别为 1.23 和 2.12，在 10% 和 1% 显著度下显著，该结果表明专业预测者对中国国内生产总值和消费者价格指数增长率的预期均偏离了理性预期，并表现出具有信息摩擦的预期形成机制。在粘性信息模型和噪音信息模型中，β_1 的估计值体现了经济主体形成预期过程中的信息摩擦程度，β_1 的估计值越大表明经济的信息摩擦越大。进一步的，可以根据β_1的估计值计算两种不完全信息模型的重要参数。

表 6.1　信息摩擦：混合回归结果

	GDP	CPI	GDP（不包含常数项）	CPI（不包含常数项）
β_1	1.23 *	2.12 ***	1.27	2.40 ***
	(0.73)	(0.33)	(0.88)	(0.35)
β_0	0.61 ***	-0.32 ***		
	(0.07)	(0.06)		
R^2	0.06	0.22	0.05	0.25

注：表中所列为回归系数，括号内为标准误；*、**、***分别表示在 10%、5% 和 1% 显著度水平下显著区别于 0

在粘性信息模型下，关于对国内生产总值增长率的预测，回归结果$\beta_1 = 1.23$ 对应着 $\lambda \approx 0.45$，即平均而言，专业预测者在每个时期都有 45% 的概率更新其有关国内生产总值的信息，而有 55% 的概率选择不更新其信息并表现出信息滞后。另外，$1/\lambda \approx 2.22$，意味着专业预测者平均每 2.22 个月更新一次其对中国国内生产总值的信息。关于对通货膨胀的预测，回归结果$\beta_1 = 2.12$ 意味着 $\lambda \approx 0.32$，即平均而言在每个时期专业预测者仅有 32% 的概率更新其有关中国消费者价格指数的信息。另外，$1/\lambda \approx 3.15$，意味着专业预测者平均每 3.15 个月更新一次其对中国消费者价格指数的信息。

在噪声信息模型下，关于对 GDP 增长率和通货膨胀率的预测，回归结果分别意味着 $G \approx 0.45$ 和 $G \approx 0.32$，这分别表明专业预测者 GDP 增长率和通货膨胀率的噪声信号分配 0.45 和 0.32 的权重。总体而言，无论是在粘性信息模型假设下还是在噪声信息模型假设下，该结果都表明专业预测者形成通货膨胀预期时的信息摩擦程度高于形成经济增长预期时的信息摩擦程度。

将实证检验式（6.13）与理论模型推论式（6.6）和式（6.12）比较，可以看出实证设定中增加了常数项β_0。常数项控制了上一章讨论的经济预测存在的偏性，即预测者的乐观或悲观行为可能导致预测出现系统性偏差。作为一个稳健性检验，表 6.1 的后两列列出了不包含常数项的回归的结果。在 GDP 增长率和通货膨胀率预期的两个回归中，系数β_1的估计值分别为 1.27 和 2.40，与包含常数项的基准结果接近，但是在 GDP 增长率预期的回归中系数β_1的估计值显著。与基准结果间的差别表明了专业预测者对经济增长的预期存在有偏性，这也从侧面体现了真实预期形成过程对理性预期假说的偏离。

进一步分析预期步数对信息摩擦的影响，图 6.1 汇报了对不同预期步数的预测数据分别进行信息摩擦检验得到的结果。从图中可以看出，随着预期范围的缩小，专业预测者对中国经济增长和通货膨胀预期的信息摩擦并没有呈现趋势性的变化。不同预期范围预期的信息粘性估计值及混合预期范围回归的估计值都较为

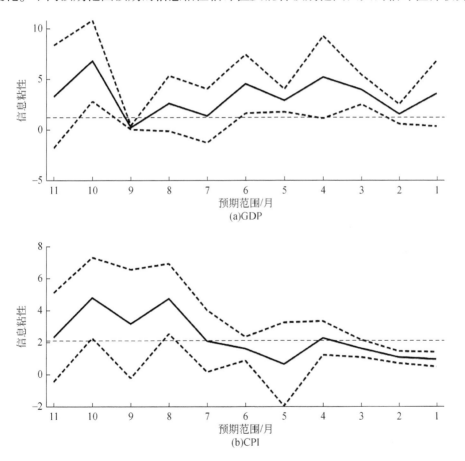

图 6.1 不同预期范围预期的信息粘性

注：图中实线代表系数的估计值，短虚线代表 95% 置信区间，水平的长虚线代表混合回归的估计值

接近，表明经济主体不会随着预期范围的缩短而增加或减少信息粘性。回归结果表明，对于大多数预期范围，预期都显著偏离理性预期并具有显著的信息粘性，存在少数预期范围的预期无法拒绝理性预期假设。

总体而言，结合混合回归和分预期范围回归的结果，可以认为专业预测者对中国经济增长和通货膨胀的预期均偏离理性预期假说，并且具有显著的信息摩擦。其中，预测通货膨胀时的信息摩擦程度更高。

6.1.3　反应不足与反应过度

从粘性信息模型（Mankiw and Reis，2002）和噪声信息模型（Sims，2003；Woodford，2003）出发，Coibion 和 Gorodnichenko（2015）构建了一个不完全信息检验框架，该框架除了可以检验信息摩擦是否存在，还可以对摩擦的具体水平进行量化。基于这一框架，可以构建一个类似结构的回归方程用于在个体层面对专业预测者预期的性质进行检验：

$$\mathrm{FE}_{it,h} = \beta_0 + \beta_1 \mathrm{FR}_{it,h} + \varepsilon_{it,h} \tag{6.14}$$

式（6.13）中的预测偏差和预测修订都是总体层面的测度。与之不同的是，式（6.14）中的变量都是在个体层面测度，其中，$\mathrm{FE}_{it,h}$ 和 $\mathrm{FR}_{it,h}$ 分别表示经济主体 i 的预期误差和预期修正。由于两个等式面向不同层面的变量，参数 β_1 具有不同的含义。总体层面的等式（6.13）是在粘性信息模型和噪声信息模型的理论设定下直接推导出的，因此该式中的参数 β_1 直接对应了两种模型中的参数数值。个体层面的等式（6.14）并非由粘性信息模型或噪声信息模型的理论设定推导而来，因此该式中的系数 β_1 不再具有直接的理论含义，而应重点关注其在简化回归方程中的意义。具体来说，当系数 $\beta_1 \neq 0$ 时，个体层面的预期误差与其预期修正相关。个体的预期误差是在所预期的经济变量的真实值实现之后才可被测度的一个事后变量。根据理性预期假设，理性预期的事后预期误差应仅由意外的冲击导致，而不能由任何事前变量预测，而个体的预期修正则是在经济变量的真实值实现之前就可被测度的一个事前变量。因此，经济主体个体预期误差与其预期修正相关，表明了个体层面的预期偏离了理性预期。

更进一步地，式（6.14）表明，当系数 β_1 的估计值大于 0 时，可以通过经济主体的个体预期修正预测出同向的预期误差，即当经济主体向上调整其预期时，经济变量真实值比其预期扩大得更多，当经济主体向下调整其预期时，经济变量真实值比其预期缩小得更多。这意味着经济主体对新信息反应不足，其对预期的修正幅度总是赶不上经济变量真实值的变化幅度。当系数 β_1 的估计值小于 0 时，可以通过经济主体的个体预期修正预测出反向的预期误差，即当经济主体向上调整其预期时，经济变量真实值比其预期扩大得更少，当经济主体向下调整其预期时，经济变量真实值比其预期缩小得更少，这意味着经济主体对新信息反应过度，其对预期的调整幅度总是大于经济变量真实值的变化幅度。系数 β_1 的估计值的绝对值越大，表明经济主体个体预期的偏离理性程度越大。

已有大量文献研究经济主体在个体预期层面的反应不足和反应过度现象。Bouchaud 等（2019）研究发现分析师对企业短期盈利增长的预期反应不足。D'Arienzo（2020）和 Bordalo 等（2019）分别发现分析师对长期利率和企业长期盈利增长的预期存在过度反应，在金融市场普遍存在的经济主体预期反应过度的现象也被认为是金融资产价格过度波动的原因之一（Augenblick and Lazarus，2023；Giglio and Kelly，2018）。Bordalo 等（2020）发现经济主体对美国宏观经济产出和价格水平等宏观经济变量的个体预期同样偏离完全信息理性预期理论，对于其中大部分变量表现为反应过度，而对另一些则反应不足。

值得说明的是，经济主体在个体预期层面表现出的偏离理性预期，特别是反应过度的现象，与粘性信息和噪声信息这两种不完全信息模型所刻画的预期形成的不完全信息性质不同。这两种模型仍然假设经济主体是理性的，认为其预期偏离理性预期假说的原因在于信息摩擦。对于经济主体预期表现出的反应过度的现象，一些理论将其原因归于人的行为特点，认为人的不完全理性或者有限理性导致了预期的这一特征，这些理论放松了对经济主体的理性假设。例如，诊断预期模型将经济主体预期的反应过度归因为人的选择性记忆特点（Gennaioli et al.，2010；Bordalo et al.，2018），由于这一特点，经济主体会夸大信息中某些代表性因素的作用，从而使预期表现出过度反应。

基于式（6.14）进一步考察专业预测者的预期在个体层面表现出的特点对于完善经济主体预期形成过程的研究具有补充意义。虽然在总体层面，式（6.13）的实证框架为检验经济主体预期的信息粘性提供了具有理论意义的结果，即系数 β_1 显著有别于 0，表明经济主体的预期形成过程中存在信息粘性，但其无法拒绝经济主体的预期形成过程中同时包含不完全理性或有限理性因素。在微观层面基于式（6.14）进行检验对此提供了补充。

表 6.2 汇报了利用专业预测者个体层面预期数据依据式（6.14）进行所有预期范围的混合回归的结果。在经济增长预测和通货膨胀预测的回归中，系数 β_1 的估计值分别为 0.27 和 0.18，均在 5% 显著度下显著，该结果表明专业预测者对中国国内生产总值和消费者价格指数增长率的预期均显著拒绝了理性预期假设，并表现出了预期的反应不足的特点，其中专业预测者对中国国内生产总值增长率预期的偏离理性程度略大于消费者价格指数增长率预期。

表 6.2　预期的偏离理性程度

项目	GDP	CPI
β_1	0.27 ***	0.18 **
	(0.11)	(0.08)
β_0	0.51 **	−0.40 ***
	(0.02)	(0.02)

注：表中所列为回归系数，括号内为标准误；＊、＊＊、＊＊＊分别表示在10%、5%和1%显著度水平下显著区别于0

作为进一步的检验，图6.2列出了使用个体层面数据对不同预期步数的预测分别进行检验的结果。从图中可以看出，随着预期范围的缩小，专业预测者对经济增长和通货膨胀的预期偏离理性的程度围绕混合回归结果不断波动，并没有呈

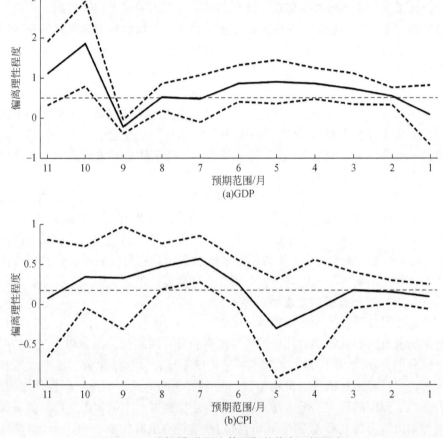

(a)GDP

(b)CPI

图6.2　不同预期范围个体预期的偏离理性程度

注：实线代表系数的估计值，短虚线代表95%置信区间，水平的长虚线代表混合回归的估计值

现趋势性的变化。结果表明在个体层面，经济主体不会随着预期步数的缩短而增加或减少信息粘性。对于大多数预期步数，个体层面预期都显著拒绝了理性预期假设并表现出反应不足（$\beta_1 > 0$），而在预期范围为 9 个月的国内生产总值增长率预期中，专业预测者的个体预期表现出了反应过度（$\beta_1 < 0$）。

6.1.4 有限理性

为进一步厘清个体预期的偏离理性程度和总体平均预期的信息粘性间的关系，表 6.3 列出了预期范围为 9 个月的国内生产总值增长率预期依据式（6.13）和式（6.14）在总体和个体层面的回归结果。总体层面的回归中，系数 β_1 的估计值为 0.23，在 5% 显著度下显著，表明经济主体的预期形成过程中存在显著的信息粘性；个体层面的回归中，系数 β_1 的估计值为 −0.22，在 5% 显著度下显著，表明经济主体的个体预期存在显著的反应过度。专业预测者对国内生产总值增长率的预期表现为总体层面的信息粘性（反应不足）和个体层面的反应过度并存，这种现象也被此前的研究记录（Bordalo et al., 2020）。为了协调解释这种预期形成机制，他们提出了诊断预期模型，经济主体个体层面预期的反应过度来源于其预期对代表性信息的扭曲，扭曲程度取决于其选择性记忆水平，存在一定范围的选择性记忆水平使得总体层面的反应不足和个体层面的反应过度共存。

表 6.3　总体和个体层面回归结果对比

	总体	个体
β_1	0.23 **	−0.22 **
	(0.10)	(0.09)
β_0	0.70 **	0.52 ***
	(0.28)	(0.07)

注：表中所列为回归系数，括号内为标准误；*、**、*** 分别表示在 10%、5% 和 1% 显著度水平下显著区别于 0。第二列展示了利用总体均值依据式（6.13）的总体回归结果，第三列展示了利用个体层面数据依据式（6.14）的个体回归结果

具体来说，该模型假设经济变量的真实值以 AR（1）过程产生：

$$x_t = \rho x_{t-1} + v_t \tag{6.15}$$

式中，ρ 为自回归系数（持续性系数）；v_t 为服从均值为 0 的正态分布，且在不同时间中独立同分布的冲击。每个经济主体都无法掌握经济变量的真实值信息，而只能各自观测到一个包含噪声的信号：

$$y_{it} = x_t + w_{it} \tag{6.16}$$

式中，w_{it} 表示服从均值为 0 的正态分布，且在不同经济主体和时间中独立同分布

的噪声。

理性的经济主体迭代产生理性预期。在任意一个时期 t，理性的经济主体在前一时期对经济变量真实值 x_t 的估计，即所形成的 x_t 的概率密度函数 $f(x_t|Y_{it-1})$ 的基础上，根据贝叶斯法则更新对当前的经济变量真实值的估计，即形成 x_t 的概率密度函数 $f(x_t|Y_{it})$。Y_{it-1} 表示该预测者在上一期及之前接收到的所有关于经济变量真实值的嘈杂信号，y_{it} 表示 t 期的信号：

$$f(x_t \mid Y_{it}) = \frac{f(y_{it} \mid x_t) f(x_t \mid Y_{it-1})}{\int f(y_{it} \mid x) f(x \mid Y_{it-1}) \, dx} \tag{6.17}$$

预测者根据概率分布生成预测变量的期望，并根据 AR（1）过程对经济变量后续的真实值进行预测：

$$F_{it}(x_t) = \int x f(x_t \mid Y_{it}) \, dx \tag{6.18}$$

$$F_{it}(x_{t+h}) = \rho^h F_{it}(x_t) \tag{6.19}$$

定义经济变量在时期 t 的真实值的代表性为一个似然比：

$$R_t(x_t) = \frac{f(x_t \mid Y_{it})}{f(x_t \mid Y_{it-1} \cup F_{it-1}(x_t))} \tag{6.20}$$

它表示给定至今所有关于经济变量的嘈杂信号下经济变量真实值的条件概率密度函数和给定至上一期为止所有关于经济变量的嘈杂信号及上一期对经济变量的预测值下经济变量真实值的条件概率密度函数之比。其含义为，如果时期 t 经济变量的嘈杂信号与上一期经济主体对其的预测值一致，则时期 t 经济变量真实值的代表性为 0；反之，如果时期 t 经济变量的嘈杂信号与上一期经济主体对其的预测值不一致，则 $R_t(x_t) \neq 0$，认为时期 t 经济变量的真实值更具代表性。

出于人的选择性记忆的行为特征，经济主体的预期会受到经济变量代表性的扭曲。

$$f^\theta(x_t \mid Y_{it}) = f(x_t \mid Y_{it}) R_t(x_t)^\theta \frac{1}{Z_t} \tag{6.21}$$

式中，Z_t 是确保概率密度函数 $f^\theta(x_t \mid Y_{it})$ 的加总取值等于 1 的标准化因子；θ 表示经济主体对代表性信息的扭曲程度。$\theta=0$ 意味着经济主体是理性的，其预期不会对代表性信息进行扭曲，$\theta>0$ 意味着经济主体的预期扭曲了代表性信息。该模型依据人的选择性记忆的行为特征，认为人们更容易在脑海中检索最新的嘈杂信号，因此其会夸大这部分信息的作用，从而使预期产生扭曲。

在以上设定下，经过推导可得到如下等式：

$$\sum = \frac{-(1-\rho^2)\sigma_w^2 + \sigma_v^2 + \sqrt{[(1-\rho^2)\sigma_w^2 - \sigma_v^2]^2 + 4\sigma_w^2\sigma_v^2}}{2} \tag{6.22}$$

$$F_{it}^{\theta}(x_t) = F_{it-1}(x_t) + (1+\theta)\frac{\sum}{\sum + \sigma_w^2}(y_{it} - F_{it-1}(x_t)) \qquad (6.23)$$

$$\beta_1^C = \frac{\mathrm{cov}(x_{t+h} - F_t^{\theta}(x_{t+h}), F_t^{\theta}(x_{t+h}) - F_{t-1}^{\theta}(x_{t+h}))}{\mathrm{var}(F_t^{\theta}(x_{t+h}) - F_{t-1}^{\theta}(x_{t+h}))} = (\sigma_w^2 - \theta\sum)g(\sigma_v^2, \sum, \rho, \theta)$$
$$(6.24)$$

$$\beta_1^I = \frac{\mathrm{cov}(x_{t+h} - F_{it}^{\theta}(x_{t+h}), F_{it}^{\theta}(x_{t+h}) - F_{it-1}^{\theta}(x_{t+h}))}{\mathrm{var}(F_{it}^{\theta}(x_{t+h}) - F_{it-1}^{\theta}(x_{t+h}))} = -\frac{\theta(1+\theta)}{(1+\theta)^2 + \theta^2\rho^2} \qquad (6.25)$$

式中，σ_w^2 和 σ_v^2 分别表示信号噪声和经济变量的冲击的方差；β_1^C 表示依据式 (6.13) 在总体层面估计的系数 β_1，它体现了经济主体总体层面预期偏离理性的程度；β_1^I 表示依据式 (6.14) 在个体层面估计的系数 β_1，它体现了经济主体个体层面预期偏离理性的程度；$g(\sigma_v^2, \sum, \rho, \theta)$ 为参数的组合函数，其取值大于 0。

从式 (6.24) 和式 (6.25) 可以总结在诊断预期模型下影响经济主体的总体层面和个体层面预期偏离的因素。在个体层面，经济主体个体预期对理性预期的偏离程度与其对代表性信息的扭曲程度 θ 和经济变量真实值的持续性 ρ 有关；而在总体层面，经济主体平均预期对理性预期的偏离程度受四种因素影响，即经济变量真实值序列的波动性 σ_v^2、经济变量信号的嘈杂度 σ_w^2、经济主体对代表性信息的扭曲程度 θ、经济变量真实值的持续性 ρ。由于 $g(\sigma_v^2, \sum, \rho, \theta) > 0$，因此当经济主体对代表性信息的扭曲程度满足 $0 < \theta < \dfrac{\sigma_w^2}{\sum}$ 时，根据式 (6.24) 和式 (6.25)，有 $\beta_1^C > 0$ 和 $\beta_1^I < 0$，这表明，存在经济主体对代表性信息的扭曲程度，使得经济主体在总体层面的平均预期表现出反应不足，而在个体层面的个体预期表现出反应过度。

总体而言，本节在总体层面检验了专业预测者的中国宏观经济预期形成过程中的不完全信息性质，在个体层面检验了预期的不完全理性性质。结果表明，专业预测者对中国宏观经济的预期显著偏离理性预期，在总体层面，经济主体的预期形成过程存在信息粘性，专业预测者平均每 2 至 3 个月更新其有关中国宏观产出和价格水平的信息；在个体层面，经济主体的预期表现出有限理性的性质，对于大多数预期范围，其预期表现出反应不足，即对预期的调整总是不及变量真实值的调整幅度，存在特定预期范围使其预期表现出过度反应，即对预期的调整总是超出变量真实值的调整幅度。

6.2 信 息 粘 性

6.2.1 外生冲击下的预期形成

表 6.1 表明，专业预测者对中国通货膨胀预期的信息粘性大于其对经济增长预期的信息粘性，这可能是由于在样本期内的大部分时间中国的价格水平总体更为稳定，这涉及信息粘性的状态依存性。这一特点可以在粘性信息模型和噪声信息模型两种不完全信息理论中自然地导出，这两种不完全信息理论都认识到信息是有成本的，在粘性信息模型中，获取信息是有成本的，因此经济主体并非总是更新信息，在噪声信息模型中，处理信息是有成本的，因此经济主体并非观测到经济变量真实值本身而是观测到一个具有噪声的信号作为替代。无论是哪种成本来源，这种有关信息的成本与依据信息做出预期的收益形成权衡，这决定了经济主体最终选择掌握的信息程度，即信息粘性，做出预期的收益并非是一成不变的，对波动和稳定的经济做出预期的成本也是不同的。因此自然地引申出经济主体的信息粘性可能是会变化的。在经济剧烈波动和经济衰退时期，为了避免风险，经济主体可能选择加大信息的投入以努力做出更好的预期，这表现为信息粘性的下降；在经济稳定时期，发生风险和损失的可能性更小，经济主体可能会对做好预期的行为更为懈怠，从而减少信息的投入，表现为信息粘性的提高。这种变化规律意味着信息粘性具有状态依存性，其会随着经济状态的改变而发生改变。

在式 (6.13) 的基础上，构建一个检验信息粘性的状态依存性的回归方程：

$$FE_{t,h} = \alpha_0 + \alpha_1 FR_{t,h} + \alpha_2 FR_{t,h} * D_t + \alpha_3 D_t + \varepsilon_{t,h} \tag{6.26}$$

式中，D_t 表示虚拟变量。在共识经济学数据库的中国经济预测数据所覆盖的 1995 年 1 月至 2022 年 5 月内，标记出了四个经济衰退或经济面临大型意外冲击的时期，它们分别是 1997 年 6 月至 1999 年 1 月的 1997 年亚洲金融危机影响时期、2003 年 3 月至 2003 年 7 月的非典型肺炎疫情影响时期、2007 年 4 月至 2009 年 6 月的 2008 年全球金融危机和 2020 年 1 月至 2022 年 5 月的全球新冠疫情影响时期，对于这些时期将虚拟变量赋值为 1，否则将虚拟变量赋值为 0。

在这样的设定下，$(\alpha_1 + \alpha_2)$ 对应于式 (6.13) 的系数 β_1，估计值越大代表经济主体的信息粘性程度越高，其中平均预期修正和虚拟变量的交互项系数 α_2 表示经济衰退或意料外冲击对经济主体信息粘性的影响，α_2 为正表示经济衰退或冲击将导致经济主体的信息粘性提高，α_2 为负表示经济衰退或冲击将导致经济主体的信息粘性下降，α_2 与 0 无显著差异则表明经济衰退或冲击对经济主体的信息粘性无影响。

表 6.4 列出了依据式（6.26）的混合预期范围的回归结果。在对国内生产总值和消费者价格指数增长率的预期的回归中，交互项系数 α_2 的估计值分别为 -2.92 和 -1.14，在 1% 和 10% 显著度下显著，该结果表明经济主体预期形成过程的信息粘性在经济衰退或意料外冲击时期显著下降。进一步对独立项系数 α_1 和交互项系数 α_2 之和进行怀特检验，结果表明，在对国内生产总值预期的回归中两项系数之和与 0 无显著差异，而在对消费者价格指数预期的回归中两项系数之和与 0 具有显著差异，意味着经济衰退或意料外冲击的时期使专业预测者对中国国内生产总值增长率预期的信息粘性消失，使其对中国消费者价格指数增长率预期的信息粘性虽大幅下降但仍存在信息粘性。总体而言，以上结果验证了经济主体的信息粘性的状态依存性，为了降低风险和损失，在经济衰退和经济面临冲击的时期，经济主体的信息粘性会显著降低。

表 6.4　预期的信息粘性：混合回归结果

	GDP	CPI
α_1	3.64 ***	2.81 ***
	(0.53)	(0.56)
α_2	-2.92 ***	-1.14 *
	(0.77)	(0.67)
α_3	0.04	-0.11
	(0.20)	(0.15)
P 值（$\alpha_1 + \alpha_2 = 0$）	0.19	0.00
R^2	0.11	0.23

注：表中所列为回归系数，括号内为标准误；＊、＊＊、＊＊＊分别表示在 10%、5% 和 1% 显著度水平下显著区别于 0

经济主体预期的信息粘性具有状态依存性这一结论与此前的广泛研究一致。Coibion 和 Gorodnichenko（2015）利用美国专业预测者数据库（SPF）的研究表明，美国专业预测者对美国宏观经济预期的信息在 20 世纪 80 年代至 2008 年全球金融危机之前的大缓和时期显著上升，而在"911"事件的突发冲击下显著下降；Baker 等（2020）基于全球数据多国预期调查数据和自然灾害数据的研究表明，在大型自然灾害冲击下经济主体宏观经济预期的信息粘性会显著降低；An 等（2021）基于多国预期调查数据的研究发现，在大型流行病冲击时期，经济主体宏观经济预期的信息粘性会显著降低。包括本书在内的对经济主体信息粘性的研究都表明，信息粘性的状态依存性遵循一个相同的基本模式，即在经济衰退或波动时期信息粘性显著下降，在经济平稳时期信息粘性显著上升。

6.2.2 测度信息粘性

应用式（6.13）的实证框架能够检验经济主体预期形成过程中信息粘性的存在及其状态依存性，但是难以灵活体现信息粘性在不同时期的变化。为了直接量化时间序列的信息粘性，使用 Andrade 和 Le Bihan（2013）及 An 等（2023）的方法，利用中国经济预测数据测度经济主体的信息粘性。

该测度方法同样依赖于预期调查数据的面板结构。由于在该调查中，专业预测者在一年中的每个月份都给出对当年多种经济变量增长率的预测，因此以向量 $F_{it,T}$ 表示受访者 i 在 t 时期对目标时期 T 的多种宏观经济变量的预测，如果该向量与在上一次调查时对同一目标时期 T 的多种宏观经济变量预测 $F_{it-1,T}$ 完全相同，则将该受访者的预期修正 FR_{it} 定义为 1，反之则将 FR_{it} 定义为 0。在 t 时期经济总体的信息粘性 I_t 被定义为 FR_{it} 的算数平均值，也即没有进行预期修正的受访者的比例。

$$\mathrm{FR}_{it} = \begin{cases} 1, F_{it,T} = F_{it-1,T} \\ 0, F_{it,T} \neq F_{it-1,T} \end{cases} \tag{6.27}$$

$$I_t = \frac{1}{N} \sum_{i=1}^{N} \mathrm{FR}_{it} \tag{6.28}$$

该测度方法与 Mankiw 和 Reis（2002）的信息粘性模型遵循一致的思想，在信息粘性模型中，信息粘性被设定为每个时期每位经济主体都有 $1-\lambda$ 概率不更新其信息集，不更新信息集意味着不更新预期，这在总体水平上意味着有比例 $1-\lambda$ 的个体不更新预期。因此，在任一时期，没有更新预期的经济主体的比例就反映了当时经济主体的总体信息粘性，这正是以上测度方法所构造的 I_t 所表示的含义。

经济主体对宏观经济预期的信息粘性不能仅由任何一个变量单独表示，有可能在某个时期经济主体没有更新其对某个单一变量的预期，但是更新了其对其他变量的预期，因此在该测度方式中，强调 $F_{it,T}$ 包含了对多个变量的预期，只有在某一时期经济主体没有更新他对多变量中任何一个变量的预期，才认为他表现出信息粘性，这避免了只关注单一变量导致的测度偏误。与前几节的研究相同，这一部分也仅同时关注受访者对中国国内生产总值（GDP）消费者价格指数（CPI）的当年年度增长率的预测，这一方面是因为其他变量存在较多的缺失值，另一方面是这两个变量分别反映了宏观经济产出和宏观价格水平，是宏观经济中最重要的实际和名义变量，反映了最重要的宏观经济信息，同时其他宏观经济变量都和这两者有所关联。因此，一旦经济主体在某个时期既没有更新其对产出水平的预期也没有更新其对价格水平的预期，足以表明他在该时期没有更新其对宏观经济的预期。

有两点因素可能导致I_t与真实的信息粘性的偏离：第一，即使预测者本意并不想在新的调查中更正他的预测，但是出于声誉、同行压力等外部因素，他们可能每次都做出一些微调来保证他们的预测看起来是在不断更新。一些已有研究关注到了预期调查数据中预测者的类似行为，其核心问题是预测者在预期调查中给出的预期是否追求预期误差最小化，在实践中，预测者可能希望突出自己的工作而更积极地修改其预测，也可能并不想透露其真正预期，或是出于某种原因故意给出与一致预期相差甚远的预期。这些行为也是导致预期调查数据中经济主体个体层面预期偏离理性预期的一大原因，由于这一原因，被测量的I_t反映了预测者信息粘性的下限。第二，即使预测者更新了信息集，但是新的信息导致了与上次一样的预测，这在测度中表现为未做更新。这种情况实际上发生的概率很小，正如 Andrade 和 Le Bihan（2013）所讨论的，对于复杂的宏观经济来说，新信息几乎不可能导致相同的预测。对于每月进行一次的专业预测者宏观经济预期调查来说，很难认为一个月的新信息不足以使专业预测者做出任何预期修正，因此正如I_t所表明的，如果预测者没有做出预期修正，那么就说明他在这段时期没有更新足够的信息，表现为信息粘性。

表6.5展示了所测度的经济主体对中国宏观经济预期的信息粘性的描述性统计。其中特别区分了注册地址在中国境内的机构的预期调查数据，这些中国境内机构的预期可能表现出异质性，在预期调查数据所有样本中，注册地在中国境内的机构的样本约占1/3（2100/6553）。在样本期内，全部机构对中国宏观经济预期的平均信息粘性为0.43，意味着专业预测者平均每个月更新其有关中国宏观经济的信息的概率为0.57，更新信息的平均周期为1.75个月；中国境内机构的专业预测者对中国宏观经济预期的平均信息粘性为0.52，更新信息的平均周期为2.08个月；中国境外机构的专业预测者对中国宏观经济预期的平均信息粘性为0.39，更新信息的平均周期为1.64个月，小于总体均值和中国境内机构的均值。中国境内机构和中国境外机构的专业预测者对中国宏观经济预期的信息粘性的变异系数（σ/μ）相同，反映两类机构的信息粘性离散程度相近。对于三组样本，信息粘性均表现出显著且相似的持续性。

表6.5 中国经济预期的信息粘性：描述性统计

项目	全部机构	中国境内机构	中国境外机构
平均值 μ	0.43	0.52	0.39
标准差 σ	0.11	0.16	0.12

项目	全部机构	中国境内机构	中国境外机构
变异系数 (σ/μ)	0.26	0.31	0.31
25%分位数	0.37	0.41	0.32
75%分位数	0.50	0.64	0.46
持久性 ρ	0.34 ***	0.30 ***	0.38 ***
（标准误）	(0.09)	(0.09)	(0.09)

注：持久性基于 AR（1）估计；*、**、***分别表示在 10%、5% 和 1% 显著度水平下显著区别于 0

6.2.3 信息粘性的状态依存性

图 6.3 展示了不同预期范围的平均信息粘性和标准差。从图中可以看出，随着预期范围缩短，各预期范围的平均信息粘性并没有表现出系统性的变化，而是围绕着全预期范围的平均信息粘性波动，这表明经济主体并不会由于预期范围的缩短而减少或增加信息的更新，由测度的信息粘性表明的这一发现与图 6.1 所示的依据回归方程检验的信息粘性的变化规律一致，这验证了两种实证方法和实证结论的稳健性。图 6.4 进一步展示了分别根据专业预测者对中国国内生产总值增长率和消费者价格指数增长率预期测度的信息粘性随着预期范围的变化情况。同样的，图像显示专业预测者对两种变量的信息粘性并没有随着预期范围的缩短而表现出趋势性变化，而是围绕全预期范围的平均信息粘性波动。

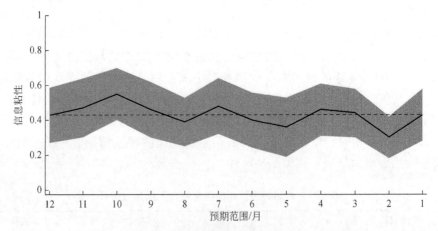

图 6.3 不同预期范围的信息粘性

注：实线表示相应预期范围的平均信息粘性，阴影表示一个标准差区间，
虚线表示全样本的平均信息粘性（0.43）

更重要的是，结合图 6.3 和图 6.4 两幅图像可以看出，根据式（6.28）测度的专业预测者对中国国内生产总值增长率和消费者价格增长率预期的信息粘性以及二者的综合信息粘性都不一致，三者的变化和波动也不相同，这表明经济主体对中国国内生产总值增长率和消费者价格增长率的预期形成机制并不相同，存在一些信息的更新只使专业预测者更新了对某一特定变量的预期，即在某些时期其只修改对一种经济变量的预期而保持对另一种经济变量的预期不变。

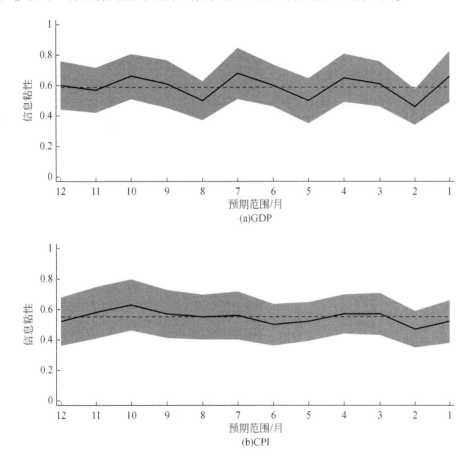

图 6.4　不同预期范围的信息粘性：分变量测度

注：实线表示相应预期范围的分变量测度的平均信息粘性，阴影表示一个标准差区间，虚线表示全预期范围的平均信息粘性（0.59、0.55）

这一发现也支持了综合考虑多变量预期的信息粘性测度方法，因为只关注对单变量的信息粘性会高估经济主体的信息粘性，只要经济主体更新了其对至少一个经济变量的预期，就说明他在这一时期更新了信息。专业预测者对中国国内生产总值增长率预期测度的全预期范围平均信息粘性最大，为0.59，这意味着专业预测者在每个月平均有0.41的概率更新其有关中国国内生产总值的信息，更新有关信息的平均周期为2.44个月；专业预测者对中国消费者价格指数增长率预期测度的全预期范围平均信息粘性为0.55，这意味着专业预测者在每个月平均有0.45的概率更新其有关中国消费者价格指数的信息，更新有关信息的平均周期为2.22个月。

图6.5展示了所测度的1995～2022年的经济主体对中国宏观经济预期的信息粘性的季度动态，与前文相同，在此标记了1995年以来对中国经济产生显著影响的经济危机或意料外的巨大冲击，包括1997年亚洲金融危机（1997年第三季度～1999年第一季度）、2003年非典型肺炎疫情（2003年第一季度～2003年第二季度）、2008年全球金融危机（2007年第二季度～2009年第三季度）、2020年新冠疫情（2000年第一季度～2022年第二季度）。从图中可以看出，专业预测者对中国宏观经济预期的信息粘性随时间呈现非周期性的波动，但在所标记的四个经济衰退或面临冲击的时期，经济主体的信息粘性大幅地下降。这表明信息粘性具有状态依存性，在经济衰退或是面临冲击的时期，为了降低由于预期不准确造成的巨大损失，人们会增大对处理信息的投入，从而表现为平均信息粘性的显著降低，这一发现与根据回归方程检验的结果一致。

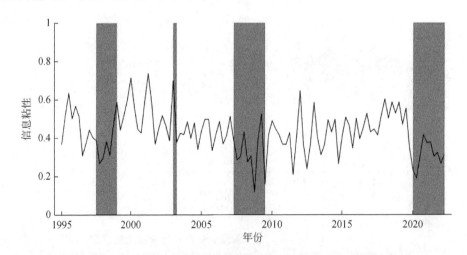

图 6.5　中国经济预期的信息粘性

注：实线为测度的中国经济的信息粘性。阴影标注了经济衰退或大型经济冲击，从左至右表示的事件依次为1997年亚洲金融危机（1997年第三季度～1999年第一季度）、2003年非典型肺炎疫情（2003年第一季度～2003年第二季度）、2008年全球金融危机（2007年第二季度～2009年第三季度）、2020年新冠疫情（2020年第一季度～2022年第二季度）

　　图6.6进一步展示了根据中国境内机构专业预测者对中国宏观经济预期测度的信息粘性和根据中国境外机构专业预测者的预期测度的信息粘性的对比，可以看出，中国境内机构和中国境外机构的专业预测者预期的信息粘性的变化趋势和波动几乎一致，这在一定程度上表明本书对中国经济预期的信息粘性的测度方法的稳健性。

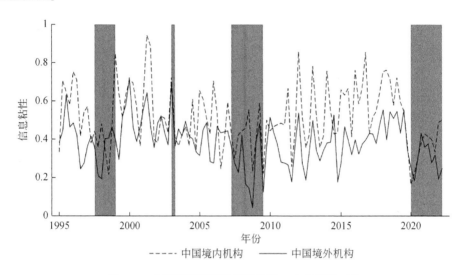

图6.6　中国经济预期的信息粘性：中外机构对比

注：实线和虚线分别为根据中国境外机构和境内机构的预测数据测度的中国经济的信息粘性。阴影标注了经济衰退或大型经济冲击，从左至右表示的事件依次为1997年亚洲金融危机（1997年第三季度～1999年第一季度）、2003年非典型肺炎疫情（2003年第一季度～2003年第二季度）、2008年全球金融危机（2007年第二季度～2009年第三季度）、2020年新冠疫情（2020年第一季度～2022年第二季度）

　　为进一步明确信息粘性的状态依存性，构造如下回归模型进行实证检验：

$$\ln\left(\frac{I_t}{1-I_t}\right) = \alpha_0 + \alpha_1 D_t + \alpha_2 X_{t-1} + \varepsilon_t \tag{6.29}$$

式中，由于所量化的信息粘性I_t取值为0到1，因此在被解释变量对其进行logit变换，通过这一形式的变换使被解释变量的取值范围扩大到（$-\infty$，$+\infty$），同时不影响其单调性；D_t为虚拟变量，在所标注的四个经济衰退或面临冲击的时期取值为1，反之取值为0；X_{t-1}为滞后一期的宏观经济变量状态，包括中国国内生产总值和消费者价格指数的同比增长率，同时为了考虑宏观经济变量状态的二阶影响，即经济波动的影响，以12个月为窗口计算国内生产总值和消费者价格指数增长率的标准差。α_1和α_2的符号就反映了信息粘性的状态依存性。以所量化的1995年1月至2022年5月的中国经济月度信息粘性估计该式。

　　表6.6第（1）列展示了宏观经济变量状态的一阶矩以及经济衰退或面临冲

击时期对信息粘性的影响。虚拟变量系数估计值为-0.47，在1%显著度下显著，表明经济主体的信息粘性会在经济衰退或面临冲击的时期显著下降。滞后一期的国内生产总值和消费者价格指数同比增长率的系数估计值分别为1.98和-4.71，在5%和1%显著度下显著，表明随着国内生产总值增长率的提高（经济增长率提高）或消费者价格指数增长率的下降（通货膨胀率下降），经济主体的信息粘性将显著上升。在很大程度上，经济增长率的提高和通货膨胀率的下降意味着经济运行良好或繁荣，因此这表明经济主体的信息粘性会在经济运行良好或繁荣的时期上升。

表 6.6　中国经济信息粘性的状态依存性

项目	(1)	(2)
虚拟变量	-0.47*** (0.05)	-0.27*** (0.08)
GDP 同比增长率	1.98** (0.85)	2.46*** (0.78)
CPI 同比增长率	-4.71*** (1.12)	-5.04*** (1.09)
GDP 增长率标准差		-4.54** (1.82)
CPI 增长率标准差		-16.98*** (6.10)

注：标准差以12个月为窗口测度；*、**、***分别表示在10%、5%和1%水平下显著

表6.6第（2）列进一步考察了宏观经济变量状态的二阶矩对信息粘性的影响，其中虚拟变量、滞后一期的国内生产总值增长率和消费者价格指数增长率的系数估计值符号与第（1）列相同，仅在数值上有所差别。表明在考虑宏观经济变量状态的二阶矩影响下，前述结论依然稳健，即经济衰退或经济繁荣依然能够导致经济主体的信息粘性发生系统性变化。国内生产总值和消费者价格指数增长率标准差的系数估计值分别为-4.54和-16.98，在5%和1%显著下显著。国内生产总值和消费者价格指数反映了经济的产出和价格水平，该结果表明，经济的产出和价格波动的增大即经济波动性的增大会导致经济主体信息粘性的显著下降。

值得说明的是，在第（2）列控制了国内生产总值和消费者价格指数同比增长率以及增长率标准差之后，虚拟变量的估计系数依然显著为负，该结果在一定程度上符合直觉，这表明经济衰退或面临冲击的时期导致经济主体宏观经济预期的信息粘性下降的原因要比宏观经济变量状态的一阶和二阶矩所能描述的范畴更

为复杂。例如，在经济危机或经济面临大型意外冲击的时期，如 2008 年全球金融危机和 2020 年全球新冠疫情流行时期，经济主体可能会感知到更大的风险，从而在考虑宏观经济变量一阶和二阶状态的基础上进一步降低信息粘性，这更深入地证实了中国经济的信息粘性的状态依存性。综上所述，基于所测度的时间序列的中国经济的信息粘性得到的图像和实证结果表明，中国经济的信息粘性存在显著的状态依存性，其会在经济繁荣和波动性小的时期显著上升，在经济衰退、经济波动性增大和面临意外冲击的时期显著下降。

6.3　本章小结

本章在第 5 章对中国宏观经济预期的理性预期性质的讨论的基础上，介绍了粘性信息、噪声信息和有限理性等多种刻画经济主体更复杂预期形成过程的模型及相应的实证检验框架，并应用这些框架评估了中国宏观经济预期的不完全信息和有限理性特征。进一步地测度了时间序列的中国宏观经济预期的信息粘性，并基于所测度的数据检验和评估了经济主体预期形成过程中信息粘性的状态依存性。

经济主体预期形成过程的不完全信息理论，在认同理性经济主体假设的基础上，关注了由信息成本和经济主体处理信息能力导致的局限性，其中粘性信息模型（Mankiw and Reis，2002）假设由于获取和处理信息需要成本，经济主体并非总是将信息保持最新，而是在每个时期以固定概率不更新信息；噪声信息模型（Sims，2003；Woodford，2003）假设由于经济主体处理信息的能力有限，经济主体只能获取有关信息的噪声而非准确的信息，因此在每个时期依据固定权重的过时信息形成预期。在这两种模型中，经济主体不更新信息的概率和依据过时信息的权重均指向了经济主体预期形成过程中不完全信息的程度，因此可以通过一个统一的计量框架进行检验（Coibion 和 Gorodnichenko，2015）。将这一框架应用于中国宏观经济预测数据，发现经济主体对中国宏观经济产出和通货膨胀的预期存在显著的信息粘性，专业预测者平均在每个月分别有 0.45 和 0.32 的概率更新有关中国经济增长与通货膨胀的信息，或是将 0.45 和 0.32 的权重分配于有关中国经济增长与通货膨胀的最新噪声。将相似的计量框架应用于个体预期层面，个体预测误差对预测修正的回归系数反映了个体系统性的反应不足或反应过度程度。将这一框架应用于个体层面的中国宏观经济预测数据，发现平均而言专业预测者对中国宏观经济产出和通货膨胀的预期存在显著的反应不足特征。

最后，基于每个时期更新信息的预测者占比，量化了时间序列的中国宏观经济信息粘性，图像和计量检验均表明，在经济下行或经济面临大型冲击的时期，经济主体宏观经济预期的信息粘性将显著下降。这表明经济主体的信息粘性具有状态依存性。本章对于中国宏观经济预期一系列特征的评估和检验，将直接支撑本书后续章节对预期的经济影响的更深入研究。

第7章 | 预期形成过程的异质性

本书第 5 章和第 6 章的分析将经济主体在总体层面对中国宏观经济的平均预期放在重要位置，经过实证检验发现其显著偏离了理性预期并且在预期形成过程中表现出信息粘性的机制，进一步地对经济主体在个体层面预期的分析表明，专业预测者对中国宏观经济预期表现出有限理性的特征，在大多数情况下反应不足，但也存在反应过度的情况。该结果表明，关注经济主体在个体层面的预期，能够获得其平均预期所不能反映的更多信息。在此基础之上，除预期本身外，关注经济主体在个体层面的预期表现出的分歧也具有重要意义。

理性预期假设所有的经济主体都依据当时全部信息做出最优预测，根据这一假设，所有经济主体做出的预期应该都是经济变量真实值的无偏预期，即预期不应该存在分歧。然而，现实数据表明的经济主体的预期间普遍存在分歧，这一证据在帮助拒绝理性预期假设的同时，也意味着经济主体的预期形成过程应具有更复杂机制，如粘性信息模型和噪声信息模型等不完全信息模型通过引入信息摩擦使经济主体的预期产生差异。在这些模型假设下，由于不同经济主体间的信息滞后程度不同，经济主体的预期可以存在分歧，因此揭示经济主体预期分歧的更多特征，将有利于构建更深入复杂的预期形成机制。本节将利用中国经济预测数据讨论经济主体对中国宏观经济预期的分歧和准确性，并且提出一个理论对实证发现进行解释。

7.1 预期的异质性和准确性

7.1.1 预期的异质性

现实数据表明，经济主体的宏观预期间普遍存在分歧，已有的一系列研究记录了这一现象。例如，Mankiw 等（2003）利用密歇根调查（Michigan Survey）和专业预测者调查（Survey of Professional Forecasters）中的通货膨胀预期调查数据表明，专业预测者的通货膨胀预期普遍存在分歧，并且这一分歧随宏观经济状态而不断变动；Dovern（2015）利用美国和欧洲的专业预测者调查数据表明专业预测者之间存在多元预期分歧，分歧程度随时间而不断变化，并且与经济不确定性呈正相关关系。这些文献表明，经济主体的预期分歧及其形成机制具有重要的研究意义。

基于个体层面的预测数据，图 7.1 的第一行和第二行分别展示了专业预测者在 2019 年 6 月和 2020 年 6 月对当年中国经济增长和通货膨胀预测的分布情况。从图中可以看出，在 2019 年 6 月，专业预测者的宏观经济预测分布更接近正态分布，其中对通货膨胀的预测更为一致。在 2020 年 6 月，受到新冠疫情冲击影响，专业预测者的宏观经济预测分布明显偏离正态分布，其中对经济增长的预测表现出明显的长尾分布现象，更多的预测者对当年经济增长给出较低，甚至负增长的预测，而在对通货膨胀的预测时则表现出更小的峰度。这显示了在经济面临不利冲击时，经济主体预期的异质性。但是相比于经济主体对经济增长的预期，其对通货膨胀的预期并没有出现较多的极端值，其中一个可能的原因是中国物价水平相对稳定。总体而言，无论是在何种时期和对何种经济变量预期的分布都表明出专业预测者对中国宏观经济的预测存在分歧，这也从一个侧面拒绝了严格的理性预期假设。

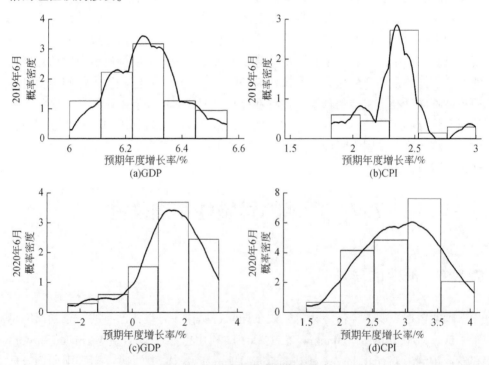

图 7.1　中国宏观经济预期的分布

注：第一行和第二行分别表示专业预测者在 2019 年 6 月和 2020 年 6 月的宏观经济变量年度增长率预期；
曲线表示核密度函数图像

图 7.2 展示了专业预测者对经济增长和通货膨胀预测的四分位距,更大的四分位距说明更大的异质性。从图中可以看出,专业预测者对中国宏观经济预测的异质性是在不断波动的。2008 年金融危机之前是中国经济快速增长时期,专业预测者对中国经济增长的预期的分歧较大;而在中国经济发展进入新常态后的经济增长放缓时期,专业预测者对中国经济增长的预期分歧较小。这与第 5.2 节的图 5.2 所描绘的专业预测者的预期误差变化显示出了类似的特征,这可能是由于在中国经济快速增长时期,中国经济增速的不确定性更大,而在中国经济发展的新常态时期,中国经济增速相对更为稳定。

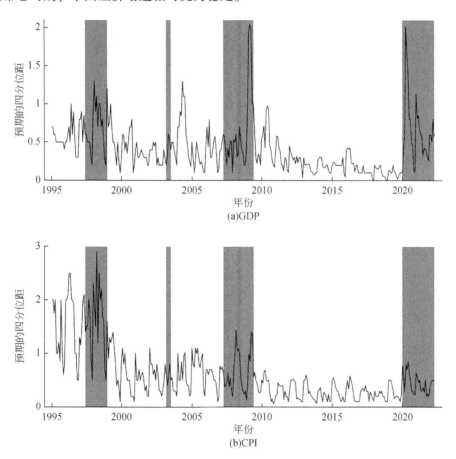

图 7.2 中国宏观经济预期分歧

注:图中实线表示经济主体预期的四分位距;阴影标注了经济衰退或大型经济冲击,从左至右表示的事件依次为 1997 年亚洲金融危机(1997 年 6 月 ~ 1999 年 1 月)、2003 年非典型肺炎疫情(2003 年 3 月 ~ 2003 年 7 月)、2008 年全球金融危机(2007 年 4 月 ~ 2009 年 6 月)、2020 年新冠疫情(2020 年 1 月 ~ 2022 年 5 月)

在对通货膨胀的预测方面，21世纪前是中国物价波动剧烈的时期，专业预测者的预期显示出了较高的异质性；而在21世纪以来，随着中国价格水平的长期稳定，专业预测者对通货膨胀的预测表现出了较低的异质性。与第6.2节的分析方法一致，图7.2中标注了1995～2022年间四次经济衰退或面临意外冲击的时期。在除非典型肺炎疫情时期外的其他三个时期，专业预测者对经济增长和通货膨胀预测的分歧都大幅上升，在非典型肺炎疫情时期则没有表现出与前后时期的明显差异。在这之中，专业预测者对经济增长预测分歧的变化幅度更大，分歧程度扩大到之前时期的数倍，而对通货膨胀预测的分歧的变化幅度则相对较小，分歧程度最高扩大到之前时期的二倍以上。导致这一现象的部分原因是中国在21世纪以来物价水平较为稳定，经济增长放缓或意外冲击主要影响产出增长，对价格特别是消费物价的影响较小，因此在这些时期专业预测者对价格水平变化的预期相对更为一致。

为更进一步理解宏观经济状态与经济主体预期的分歧之间的关系，构造如下实证模型进行检验：

$$U_t = \alpha_0 + \alpha_1 D_t + \alpha_2 X_{t-1} + \varepsilon_t \tag{7.1}$$

式中，U_t表示在t时期经济主体预期的分歧，以经济主体个体预测的四分位距来衡量；与式（6.29）的回归模型相似，D_t为虚拟变量，在所标注的四个经济衰退或面临冲击的时期取值为1，反之取值为0；X_{t-1}为滞后一期的宏观经济变量状态，包括国内生产总值和消费者价格指数的同比增长率，以此来体现经济增长和价格稳定的影响，以及以12个月为窗口计算的国内生产总值和通货膨胀的标准差，以此来体现经济波动的影响。α_1和α_2的符号就反映了经济衰退时期和经济状态对经济主体预期分歧的影响，以所量化的1995年1月至2022年5月的专业预测者预期分歧估计该式。

表7.1列出了依据回归模型（7.1）的估计结果。其中，第（1）列和第（2）列展示了仅考虑宏观经济状态一阶矩的结果，在对经济增长和通货膨胀预测异质性的回归分析中，虚拟变量的系数分别为0.31和0.32，均在1%显著度下显著，表明在经济衰退或面临意外冲击的时期，专业预测者对宏观经济预期的分歧将显著上升。在宏观经济状态一阶矩的影响方面，滞后一期的经济增长和通货膨胀的系数估计值均与0不存在显著差异，意味着专业预测者对于中国经济增长预期的分歧没有受到上一期经济增长和价格变化情况的显著影响。在对通货膨胀预测异质性的回归分析中，滞后一期的经济增长率的系数估计值为2.75，在1%水平下显著，而滞后一期的通货膨胀率的系数估计值则与0不存在显著差异。这意味着上一期经济增长水平的提高将显著提高专业预测者对中国价格水平变化预期的分歧，而上一期价格水平变化则对此没有显著影响，背后的原因可能是上

一期经济增长水平导致经济主体对未来经济热度产生不同判断，从而使其价格预期产生分歧。

表 7.1　经济状态对预期分歧的影响

项目	(1) 经济增长	(2) 通货膨胀	(3) 经济增长	(4) 通货膨胀
虚拟变量	0.31 ***	0.32 ***	0.10 *	0.40 ***
	(0.05)	(0.08)	(0.05)	(0.10)
GDP 同比增长率	0.51	2.75 ***	−0.18	1.45 **
	(1.00)	(0.74)	(0.91)	(0.69)
CPI 同比增长率	−0.88	−0.10	−0.83	−0.87
	(0.81)	(1.83)	(0.85)	(1.90)
GDP 增长率标准差			4.20 **	9.16 ***
			(1.89)	(2.18)
CPI 增长率标准差			20.30 ***	15.81 ***
			(4.96)	(5.25)

注：标准差以 12 个月为窗口测度；＊、＊＊、＊＊＊分别表示在 10%、5% 和 1% 显著度水平下显著

表 7.1 的第（3）列和第（4）列展示了考虑宏观经济状态二阶矩的结果。其中，宏观经济变量一阶矩的估计系数的符号和显著度与第（1）列和第（2）列的结果相似，而在宏观经济变量二阶矩的估计结果方面，在对经济增长的预期分歧的回归中，滞后一期的经济增长标准差和通货膨胀标准差的估计系数分别为 4.20 和 20.30，在 5% 和 1% 显著度水平下显著。这表明过去（上一期）的包括产出波动和价格波动在内的经济波动情况将对专业预测者对宏观经济预期的分歧产生显著影响，经济波动程度的提高将使专业预测者的预期分歧扩大，在对通货膨胀的预期分歧的回归中。滞后一期的经济增长标准差和通货膨胀标准差的估计系数分别为 9.16 和 15.81，均在 1% 显著度水平下显著，表明过去经济波动程度的提高将使专业预测者的宏观经济预期分歧显著扩大。

总结宏观经济变量状态对经济主体预期分歧的影响，结果表明滞后一期的包括经济增长和价格变化在内的宏观经济变量一阶矩对经济主体预期分歧的影响不大，而滞后一期的包括产出波动和价格波动在内的宏观经济变量二阶矩则对经济主体预期分歧产生显著影响，经济波动程度的提高将使经济主体预期分歧扩大。直觉来看，经济变量在过去增长的快慢与经济主体对其未来的预期分歧增大或减小关联较小，而经济变量的波动情况直接反映了宏观经济状态的不确定性。面对更高的不确定性，经济主体对未来产生不同判断，因此经济波动的提高会显著导致经济主体宏观经济预期分歧的上升。虚拟变量的参数估计显著为正，表明在控

制宏观经济状态的一阶矩和二阶矩的影响的基础上，经济放缓或面临意外冲击的时期仍会使专业预测者对宏观经济预期的分歧显著上升。这显示出这些时期的特殊性，在这些时期不仅仅存在经济变量增速的改变和经济波动的改变，还存在更多能够对经济主体预期产生深远影响的因素，因此在这些时期经济主体的判断和预期会产生更明显的分化，表现为预期的分歧显著上升。

7.1.2　预期的准确性

本节考察专业预测者对中国宏观经济预期的准确性的特征。与预期的异质性相似，预期的准确性也体现了经济主体的预期形成机制。根据理性预期假设，排除意外经济冲击的影响后，经济主体的预期应该完全准确。然而 5.3.1 节对预期无偏性的检验已经表明专业预测者对中国产出和价格增长的预期违背了无偏性假设，存在显著且持续的预期误差，这表明经济主体的预期形成过程存在更复杂机制。

预期的准确性可以由预期误差的绝对值的大小来衡量，图 7.3 列出了 1995 年至 2022 年时间序列的专业预测者对中国宏观经济预期误差绝对值的平均值。从图中可以看出，专业预测者的预期误差绝对值随着时间不断波动并表现出一定周期性。对于大多数年份，专业预测者在年初对当年变量增长率的绝对预期误差最大，而随着时间推移，在年末预测的绝对预期误差最小，该特征在专业预测者对中国通货膨胀的预期中表现得更为清晰。

随着时间的推移，一年之中越来越多的意外冲击被揭示，因此对变量年度增长率的预期将变得越来越准确。此外，图 7.3 显示，在 2000 年至 2008 年全球金融危机之前这段时期，随着中国经济加速增长，专业预测者对中国经济增长的预期误差较大，而在 2011 年后全球金融危机影响逐渐消除至 2020 年全球新冠疫情之前这段中国经济增速进入新常态的时期，专业预测者对中国经济增长的预期误差较小，该特点与专业预测者对中国经济增长的预期分歧表现出的特点一致。专业预测者对中国通货膨胀的预期误差则没有表现出类似的变化形式，而是在 2000 年后始终保持在较低的水平，这之中的一个主要原因是进入 21 世纪以后中国的物价水平较为稳定。

在所标记的四个经济衰退或面临冲击的时期中，对于 2008 年全球金融危机和 2020 年全球新冠疫情时期，可以明显看到意外的经济衰退和冲击导致的预期误差的骤升，而在此之后随着经济主体逐渐了解冲击的影响，预期误差迅速减小。值得注意的是，在 2008 年全球金融危机和 2020 年全球新冠疫情时期，专业预测者对中国经济增长的预期误差在最高点后迅速下降到几乎为 0，甚至低于此

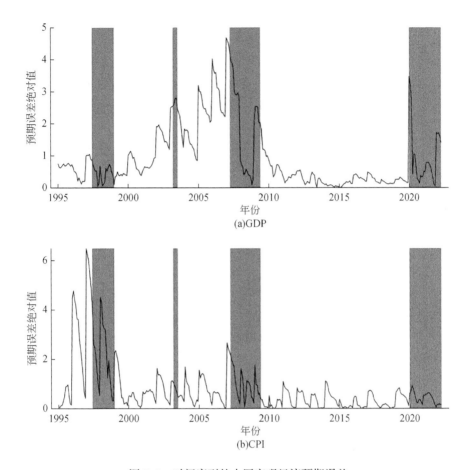

图 7.3　时间序列的中国宏观经济预期误差

注：图中实线表示经济主体预期误差的绝对值；阴影标注了经济衰退或大型经济冲击，含义与图 7.2 相同

前相当长的一段时间内的最低点。其中原因可以部分解释为在经济衰退时期经济主体对经济的未来走势有了更为明确的预期，即能够预期经济将出现衰退从而国内生产总值具有较低增长率，除此之外，结合 6.2.3 节所分析的经济主体信息粘性具有的状态依存性可以推测，在经济衰退或面临冲击时期经济主体信息粘性的下降，也可能使其预期误差减小，即预期准确性提高。

　　为进一步理解经济主体预期的准确性与宏观经济状态之间的关系，构造如下实证模型进行检验：

$$A_t = \alpha_0 + \alpha_1 D_t + \alpha_2 X_{t-1} + \varepsilon_t \tag{7.2}$$

式中，A_t 表示在时期 t 经济主体预期的准确性，以经济主体预期误差绝对值的相反数来衡量；与式（7.1）的回归模型相同，D_t 为虚拟变量，在所标注的四个经济衰退或面临冲击的时期取值为 1，反之取值为 0；X_{t-1} 为滞后一期的宏观经济变量状态，包括中国国内生产总值和消费者价格指数的同比增长率来体现的经济增长和价格稳定的影响，以及以 12 个月为窗口计算的国内生产总值和通货膨胀的标准差来体现经济波动的影响。α_1 和 α_2 的符号就反映了经济衰退时期和经济状态对经济主体预期准确性的影响，以 1995 年 1 月至 2022 年 5 月的样本数据估计该式。

表 7.2 列出了依据回归模型（7.2）的估计结果。其中，第（1）列和第（2）列展示了仅考虑宏观经济状态一阶矩的结果，在对中国经济增长和通货膨胀的预期准确性的回归中，虚拟变量的系数分别为-0.48 和-0.38，均在 1% 显著度下显著，表明在经济衰退或面临意外冲击的时期，专业预测者对宏观经济预期的准确性将显著下降，这一点与图 7.3 所表现出的特征一致，意外的经济衰退和冲击使专业预测者的预期与变量的实现值产生较大差距；在宏观经济状态一阶矩的影响方面，在对经济增长的预期分歧的回归中，滞后一期的经济增长的系数估计值为-15.04，在 1% 的显著性水平下显著，表明过去经济增长速度的提高将使经济主体对未来经济增长的预期准确性下降，这一点在图 7.3 所示的 2008 年全球金融危机前的一段中国经济快速增长时期表现得较为明显。滞后一期的通货膨胀的系数估计值与 0 不存在显著差异，意味着专业预测者对于中国经济增长预期的准确性没有受到上一期价格变化情况的显著影响；在对通货膨胀的预期准确性的回归中，滞后一期的经济增长和通货膨胀系数估计值分别为-6.21 和-6.64，分别在 1% 和 5% 水平下显著，这意味着上一期经济增长水平和价格变化水平的提高将显著降低专业预测者对中国价格水平变化预期的准确性。

表 7.2　经济状态对经济主体预期准确性的影响

项目	（1）经济增长	（2）通货膨胀	（3）经济增长	（4）通货膨胀
虚拟变量	-0.48 ***	-0.38 ***	-0.43 **	-0.56 ***
	(0.14)	(0.14)	(0.19)	(0.20)
GDP 同比增长率	-15.04 ***	-6.21 ***	-15.13 ***	-4.27 ***
	(4.41)	(1.41)	(4.69)	(1.35)
CPI 同比增长率	3.31	-6.64 **	3.15	-4.99
	(2.36)	(3.38)	(2.38)	(3.41)
GDP 增长率标准差			-2.03	15.60 ***
			(6.42)	(3.86)
CPI 增长率标准差			-0.96	-19.78
			(4.96)	(12.55)

注：标准差以 12 个月为窗口测度；*、**、*** 分别表示在 10%、5% 和 1% 水平下显著

　　表 7.2 的第（3）列和第（4）列展示了考虑宏观经济状态二阶矩的结果，其中宏观经济变量一阶矩的估计系数的符号和显著度与第（1）列和第（2）列的结果相似，唯一区别在于纳入宏观经济状态二阶矩的影响后。滞后一期的通货膨胀对专业预测者对通货膨胀的预期准确性不再具有显著影响。而在宏观经济变量二阶矩的估计结果方面，在对经济增长的预期准确性的回归中，滞后一期的经济增长标准差和通货膨胀标准差的估计系数分别为 -2.03 和 -0.96，均与 0 不存在显著差异。结果表明过去的包括产出波动和价格波动在内的经济波动情况对于专业预测者对中国经济增长的预期准确性不具有显著影响。在对通货膨胀的预期准确性的回归中，滞后一期的经济增长标准差的估计系数为 15.60，在 1% 显著度下显著，这表明过去经济增长波动的增大将导致专业预测者对中国通货膨胀的预期准确性提高。滞后一期的通货膨胀波动的估计系数为 -19.78，与 0 不存在显著差异，表明过去价格水平波动的提高对于专业预测者对未来价格的预期准确性不存在显著影响。

　　总体而言，回归结果表明专业预测者对未来经济增长和通货膨胀预期的准确性受到过去经济增速情况的显著影响，而过去的价格增速则对此没有显著影响，宏观经济变量的二阶矩即宏观经济波动情况对于经济主体的预期准确性并没有较为明显的影响。这与前述考察的宏观经济波动对于经济主体信息粘性和预期分歧的影响产生了差异。然而，虚拟变量的系数分别为 -0.43 和 -0.56，在 10% 和 1% 显著度下显著，表明在控制宏观经济状态的一阶矩和二阶矩的影响的基础上，经济衰退或面临意外冲击的时期仍会使专业预测者对宏观经济预期的准确性显著下降，这突出了意外的经济衰退等冲击对经济主体预期准确性的重要影响。

　　上述检验结果表明，专业预测者对中国宏观经济的预期在所有时期和所有预期范围都存在明显的分歧和预期误差，这在拒绝理性预期假设的同时也意味着经济主体的预期形成过程应存在更复杂的形成机制。同时，还发现经济主体预期的异质性和准确性不断变动，存在一定的变化规律并表现出状态依存性，预期分歧和预期准确性的这些特征也推动了预期形成机制理论的发展。一方面，粘性信息模型和噪声信息模型这两种不完全信息模型的理论可以导出预期分歧的存在，在这两种模型中，信息摩擦使经济主体的信息分层次滞后或者是预期依赖于不同的私人信号，这使经济主体间的预期产生了分歧。另一方面，在上述对预期准确性的初步考察中，发现经济主体的信息粘性可能对其预期的准确性产生影响，因此对经济主体预期准确性的理论研究需要纳入不完全信息模型的理论框架。在这两方面推断的基础上，一个自然的推广问题就是信息粘性水平将如何影响经济主体预期的分歧和预期的准确性。

　　为了在不完全信息理论框架下推导出预期分歧和预期准确性的更多性质与特

征，本章接下来放松其在基础模型中假设的所有经济主体都存在相同的信息成本以及由此产生的相同信息粘性水平，允许不同经济主体面临不同的信息成本，从而导出不同经济主体的信息粘性水平具有异质性，在此基础上考察信息粘性水平对预期分歧和预期准确性的影响。

7.2　信息粘性决定了异质性和准确性

为了更进一步理解预期的异质性和准确性与信息粘性间的关系，本节在粘性模型的基础上，放松代表性个体具有相同信息粘性水平的假设，进而得到信息粘性在微观层面决定了预期异质性和准确性的两个推论。针对基于理性预期和价格粘性假设的新凯恩斯主义宏观经济模型难以解释经济动态这一弱点，Mankiw 和 Reis（2002）以粘性信息取代了粘性价格假设，Reis（2006a；2006b；2009）将这一假设扩展到消费者和生产者，并进一步将这一假设推广到所有类型的经济主体。粘性信息模型认为，面对信息更新的成本，经济主体并非选择实时更新其信息集，而是只在不更新的潜在损失超过信息成本时更新其信息集。粘性信息基础模型效仿 Calvo（1983）的价格交错调整机制，将这一过程抽象为在每个时期经济主体都以一个固定的概率更新其信息集，此概率决定了在每个时期经济中存在的信息滞后期数不同的群体所占的比例。在每个时期，这些属于不同群体的经济主体依据不同的信息集形成预期，因此他们之间的意见不一致，产生预期误差，滞后的信息集也使其预期产生误差。

由于该粘性信息模型假设每个经济主体都具有相同的信息粘性水平，即都以一个相同的概率更新其信息集，因此平均而言，每个经济主体的预期都具有相同的分歧和准确性水平。这一假设限制了对预期分歧和准确性的探索。因此接下来在粘性信息模型的基础上，本节放松代表性经济个体的假设，考虑异质性的经济主体具有不同的信息粘性水平，以此考察信息粘性对预期分歧和预期准确性的影响。

7.2.1　信息粘性与预期的准确性

假设宏观经济变量 x_t 是平稳的，并且遵循一阶自回归过程：

$$x_t = \rho x_{t-1} + v_t \tag{7.3}$$

式中，ρ 为自回归系数（持续性系数）；v_t 服从均值为 0，方差为 σ^2 的正态分布，且在不同时间中独立同分布的冲击。在基础的粘性信息模型中，假设每个经济主体在每个时期都有一个固定的概率 λ 更新其信息，而有 $1-\lambda$ 的概率不更新信息，因此经济中经济主体的信息由不存在滞后到存在无穷期滞后分层次分布，在任意时期 t，经济主体依据其各自掌握的信息形成预期，因此经济中的平均预期 $F_t(x_{t+h})$ 为信息滞后程度不同的群体的加权平均：

$$F_t(x_{t+h}) = \lambda \sum_{i=0}^{\infty} (1-\lambda)^i E_{t-i}(x_{t+h}) \tag{7.4}$$

在式（7.4）基础上，放松代表性经济个体这一假设，考虑不同的经济主体可能具有不同的信息粘性水平。假设经济主体 i 具有一个固定的信息粘性水平 $1-\lambda_i$，该信息粘性水平决定了该经济主体更新信息集的周期 K_i，$K_i = 1/\lambda_i$ 意味着每次在该经济主体更新信息集后，他都会在接下来的 K_i 个时期内持续使用这个信息集，因此这个经济主体依此规律做出的第 k 个预期可以表示为

$$F_{it,k}(x_{t+h}) = E_{t-k}(x_{t+h}) = \rho^{h+k} x_{t-k} \tag{7.5}$$

式（7.5）表明，在 t 时期，信息滞后期数为 k 的经济主体，依据其所掌握的 $t-k$ 时期宏观经济变量的状态 x_{t-k} 和变量的自回归系数的 $h+k$ 次方，对 $t+h$ 时期的宏观经济变量做出预期。因此，该经济主体的预期误差可被表示为

$$FE_{it,k}(x_{t+h}) = x_{t+h} - \rho^{h+k} x_{t-k} = \sum_{s=0}^{h+k-1} \rho^s v_{t+h-s} \tag{7.6}$$

式（7.6）表明，信息滞后期数为 k 的经济主体的预期误差由其更新信息集的下一期直到目标时期之间的一系列意外冲击的加权和决定，对（7.6）式等号的左右两边取平方，得到预期误差平方的表达式：

$$FE_{it,k}^2(x_{t+h}) = \sum_{s=0}^{h+k-1} \eta^s v_{t+h-s}^2 \tag{7.7}$$

式中，$\eta = \rho^2$。对（7.7）式取这 K_i 个时期的均值，得到经济主体 i 的均方预期误差为：

$$MSE = \frac{1}{K_i} \sum_{k=0}^{K_i-1} \left(\sum_{q=0}^{h+k-1} \eta^q \right) * \sigma^2 \tag{7.8}$$

式中，σ^2 为目标宏观经济变量的冲击的方差。由式（7.8）可以得出，更新信息周期为 $K_{i1} = K_i + 1$ 的经济主体与更新信息周期为 K_i 的经济主体的均方预期误差的差值为：

$$\Delta(K_i) = \frac{1}{K_i(K_i-1)} \sum_{k=0}^{K_i-1} s\eta^{h+k} \tag{7.9}$$

值得注意的是，式（7.9）始终为正，并且随着 K_i 的增大而减小。由于 K_i 表示经济主体更新信息的周期，K_i 的增大同时意味着经济主体信息粘性 $1-\lambda_i = 1-1/K_i$ 的增大。根据递推关系，这意味着定义为均方根误差的相反数的预期准确性与经济主体的信息粘性负相关，即随着经济主体信息粘性的增大，其预期准确性将减小。据此得出推论：更频繁更新信息的经济主体将做出更准确的预期。这一假

设在总体水平上得到了检验。例如，Coibion 和 Gorodnichenko（2012）表明，平均预期误差取决于信息粘性的大小；Andrade 和 Le Bihan（2013）及 Giacomini 等（2020）也证实，更频繁更新信息集的预测者往往预测更准确。

7.2.2 信息粘性与预期的异质性

接下来在异质经济主体假设下考虑经济主体预期分歧和其信息粘性之间的关系。由于经济主体的个体信息粘性是固定的，因此即使经济主体是异质的，依然可以计算出总体的平均信息更新概率 λ，从而推导出平均信息粘性水平 $1-\lambda$。在大样本下，该总体信息粘性水平并不受单个经济主体的信息粘性影响，总体的平均预期也不受单个经济主体的预期影响，因此总体的平均预期可以表示为

$$F_t(x_{t+h}) = \sum_{p=0}^{\infty} \rho^{p+h} v_{t-p}(1 - \lambda^{p+1}) \qquad (7.10)$$

在（7.10）式表示的平均预期的基础上，结合式（7.5），信息滞后期数为 k 的经济主体 i 做出的个体预期与总体的平均预期的差值可表示为：

$$\begin{aligned}
D_{i,k} y_{t+h} &= F_{it,k} y_{t+h} - F_t y_{t+h} \\
&= \sum_{s=k}^{\infty} \rho^{s+h} v_{t-s} - \sum_{p=0}^{\infty} \rho^{p+h} v_{t-p}(1 - \lambda^{p+1}) \\
&= -\sum_{p=0}^{k-1} \rho^{p+h} v_{t-p}(1 - \lambda^{p+1}) + \sum_{s=k}^{\infty} \rho^{s+h} \lambda^{s+1} v_{t-s} \qquad (7.11)
\end{aligned}$$

式（7.11）表明，个体预期与总体的平均预期的差异由两部分组成：一是掌握更新信息个体间的差异，二是掌握更古老信息个体间的差异。与每组的差异受目标宏观经济变量的自回归系数影响不同，每组对应的权重由信息更新的总体平均概率决定。对式（7.11）的等号两边取平方，并取 K_i 个时期的均值得到：

$$D^2 = \left\{ \frac{1}{K_i}\left[\frac{\eta^{K_i}}{(1-\eta)^2} - \frac{2\lambda(\eta\lambda)^{K_i}}{(1-\eta\lambda)^2} + \frac{2\lambda}{(1-\eta)^2} - \frac{1}{(1-\eta)^2} \right] + \frac{\lambda}{1-\eta\lambda^2} - \frac{2\lambda}{1-\eta\lambda} + \frac{1}{1-\eta} \right\} \sigma^2$$

$$(7.12)$$

式中，$\eta = \rho^2$。式（7.12）表示了经济主体 i 的预期与平均预期的平均距离，体现了单个经济主体的预期与总体预期的分歧，该式表明经济主体个体预期与总体的平均预期的分歧由经济主体 i 的信息粘性水平（信息更新的概率）K_i、总体的信息粘性水平（信息更新的平均概率）λ、宏观经济变量的自回归系数 ρ（η）及宏观经济变量的冲击的方差 σ^2 决定。其中，宏观经济变量的冲击的方差体现了有关宏观经济变量的信息的特征，自回归系数反映了信息冲击对经济动态和预期的影响，信息更新的平均概率决定了来自不同时段的信息的权重，个体更新信息的概率反映了个体特征。相比于式（7.9）直观地体现了信息粘性和经济主体预期

准确性之间的关系，式（7.12）反映的信息粘性与经济主体预期分歧之间的关系较为复杂，需要通过模拟的方式进行具体判断。

图 7.4 展示了基于式（7.12）的对信息粘性和预期分歧之间关系的数值模拟结果。在这一模拟中，保持宏观经济变量冲击的方差 σ^2 不变，分别考虑总体信息更新的平均概率为 0.67 和 0.91 的两种情况，对应的总体信息更新周期为 1.5 个月和 1.1 个月，分别以左图和右图表示。在图中，以横轴表示经济主体的个体信息粘性水平的变化，以纵轴表示预期分歧程度的变化，以三条实线、虚线和点线分别代表宏观经济变量的自回归系数不同取值的情况，从而全面考虑各参数的影响。

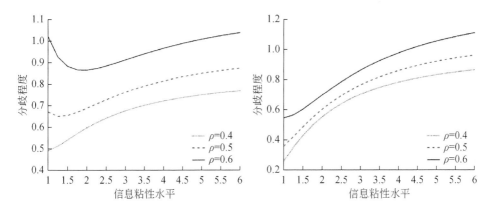

图 7.4　信息粘性和预期分歧：数值模拟结果

注：图中横轴表示经济主体的个体信息粘性水平，纵轴表示预期分歧程度；实线、虚线和点线分别表示宏观经济变量自相关系数为 0.6、0.5 和 0.4 的情况；左图和右图分别表示总体信息更新周期为 1.5 个月和 1.1 个月的情况

左图表明，在总体的信息更新周期较长、信息粘性水平较大的情况下，当宏观经济变量的自回归系数取值为 0.6 时，经济主体的个体信息粘性水平和预期分歧程度呈现出 U 型关系。在经济主体的个体信息粘性水平较小时，随着经济主体个体信息粘性水平的提高，经济主体做出的预期与总体平均预期的分歧将逐渐减小，在达到最低点后，随着经济主体个体信息粘性水平的提高，经济主体做出的预期与总体平均预期的分歧将逐渐增大。由左图实线、虚线和点线的差异可以看出，随着宏观经济变量的自回归系数取值逐渐减小，即随着宏观经济变量的持续性逐渐减小，经济主体个体信息粘性和其预期分歧之间的 U 型关系将逐渐变平坦。当宏观经济变量的自回归系数取值为 0.4 时，此二者不再存在 U 型关系，取而代之的是单调的正相关关系，此时随着经济主体个体信息粘性水平的提高，其预期与总体平均预期之间的分歧将增大。

右图表明，在总体的信息更新周期较短、信息粘性水平较小的情况下，当宏观经济变量的自回归系数取值为 0.4 和 0.5 时，经济主体的个体信息粘性水平和预期分歧程度表现出正相关关系。随着经济个体信息粘性水平的提高，其预期与总体平均预期的分歧不断扩大，然而当宏观经济变量的自回归系数取值为 0.6 时，经济主体的个体信息粘性水平和预期分歧程度表现出微小的 U 型关系。结合左图相同取值的情况，这表明宏观经济变量持续性的提高将推动经济主体的个体信息粘性水平和预期分歧程度呈现出 U 型关系。

综上所述，考虑异质经济主体的粘性信息模型在理论层面表明了信息粘性对预期准确性和预期分歧的影响。在预期的准确性方面，经济主体的预期准确性与其信息粘性水平负相关，随着经济主体信息粘性水平的降低，其预期的准确性将不断提高。在预期的异质性方面，经济主体的个人预期与总体的平均预期之间的分歧受到经济主体个人信息粘性水平、总体平均信息粘性水平的影响，同时也受到宏观经济变量的持续性和冲击方差的影响。在平均信息粘性水平较高且宏观经济变量的持续性较高的情况下，经济主体的预期分歧将与其个人信息粘性水平呈现 U 型关系；而在总体平均信息粘性水平较低或宏观经济变量持续性较低的情况下，经济主体的预期分歧将于其个人信息粘性水平呈现正相关关系。在信息粘性存在时，由于不同的经济主体具有不同的信息集，因此无论某个经济主体的信息集是最新的还是滞后的，他的预期都将与总体的平均预期产生分歧，然而如果他的预期基于更多的新信息，那么平均而言他的预期将更准确。

7.3　微观层面的实证检验

基于模型的分析仅在理论层面得出了信息粘性决定经济主体预期准确性和异质性的推论，而对预期异质性的具体影响还取决于平均粘性水平和目标宏观变量持续性。本节进一步基于中国经济预期调查数据对这两点推论进行实证检验。这部分的实证检验工作从对经济主体预期准确性和预期分歧的衡量开始。

7.3.1　异质性和准确性的微观测度

Banternghansa 和 McCracken（2009）指出，当预测者报告对多种宏观经济变量的预期时，为避免仅关注单一目标变量造成的信息遗漏和测度误差，测度预期分歧应该考虑这些变量之间的协方差。为使对不同维度预期的测度具有一致性，他们建议使用马氏距离（Mahalanobis distance）来衡量每个预测者相对于总体平均预期的分歧。Dovern（2015）将该方法应用于对专业预测者的调查数据，并发现期望形成过程是异质的。Clements（2022）专注于微观层面的数据，对美国专业预测者调查采用了类似的方法，发现预测者间的异质性是持续的。本节的实证部分同时关注专业预测者对经济增长和通货膨胀的预期，使用马氏距离来衡量预测者与总体间的预期分歧。

令 F_{it} 表示经济主体 i 给出的预期向量，$\overline{F}$ 表示总体的算数平均预期向量，则 t 期的截面预期协方差矩阵被定义为：

$$S_t = N_t^{-1} \sum_{i=1}^{N} \left(F_{it} - \overline{F}_t \right) \left(F_{it} - \overline{F}_t \right)' \tag{7.13}$$

式中，N 表示预测者数量。经济主体 i 与总体的多元预期分歧可以被定义为经济主体 i 的预期向量与截面均值的马氏距离：

$$\mathrm{Dis}_{it} = \sqrt{ \left(F_{it} - \overline{F}_t \right)' S_t^{-1} \left(F_{it} - \overline{F}_t \right) } \tag{7.14}$$

该测度方法的一个重要特点是，它纳入 t 时期的协方差矩阵 S_t，从而以当时的平均分歧程度对单一经济主体与总体之间的预期分歧进行调整。这种调整是必要的，由于缺乏信息或带有高度不确定性，某些时期通常更难以被预测。在所有其他条件相同的情况下，与其他时期相比，这些时期的预期分歧可能更大。正如 Dovern（2015）所解释的，协方差矩阵 S_t 对角线上的元素体现了经济主体对每个单一变量前景的分歧，协方差则衡量了经济主体对经济总体运行方式的分歧。因此，纳入协方差矩阵 S_t，可以根据每个单一变量和一般经济条件的差异来调整经济主体个体预期与总体平均预期之间的预期分歧。假设不存在协方差，且协方差矩阵 S_t 为对角矩阵，该多元测度指标会简化为经济主体的个体预期与总体的平均预期之间的离差平方和的根。假设各个时期不存在差异，并将协方差矩阵 S_t 设置为一个单位对角矩阵，该多元测度指标会收敛为经济主体的个体预期与总体的平均预期之间的欧氏距离。

与测量预期异质性的方法相类似，使用预期向量与实际值向量的马氏距离作为经济主体预期准确性的测度。该方法可以同时考虑经济主体对多种变量的预期，并使对多重维度预期准确性的测度保持一致性。Sinclair 等（2015）使用这一测度方式考察了美联储绿皮书预测对多元宏观经济变量的预期向量。与式（7.13）的构造方式相似，令 F_{it} 表示经济主体 i 给出的对 t 时期多种宏观经济变量的预期向量，A_t 表示 t 时期多种宏观经济变量实现值的向量，t 时期的截面预期误差协方差矩阵可以被定义为

$$W_t = N_t^{-1} \sum_{i=1}^{N} \left(F_{it} - A_t \right) \left(F_{it} - A_t \right)' \tag{7.15}$$

其中 N 表示预测者数量。经济主体 i 的预期误差可以定义为其预期向量与实际值向量的马氏距离，从而定义经济主体 i 的预期准确性为该马氏距离的负数：

$$\text{Acc}_{it} = -\sqrt{(F_{it} - A_t)' W_t^{-1} (F_{it} - A_t)} \qquad (7.16)$$

与式（7.14）相似，该测度方法以纳入协方差矩阵 W_t 的方式，通过考虑每个时期的平均预期准确性对单一经济主体的预期准确性进行调整，从而使不同时期的不同预测难度下的预期准确性可以归一化比较。Clements（2022）指出，如果不控制不同时期预测难度不同的影响，将会扭曲对不同经济主体的预期准确性的比较。而式（7.16）则提供了可以在不同时期和不同预测者之间进行比较的一种一致度量方式。

表7.3列出了依据式（7.14）和式（7.16）的马氏距离方式测度的经济主体个人预期的准确性以及与总体平均预期的分歧的描述性统计结果。在预期的异质性方面，表7.3第（1）列显示，在全部样本时期内，所有预测者的平均预期分歧为1.20，在1%的显著度水平下显著区别于0，表明平均而言经济主体的个人预期总是与总体的平均预期存在分歧。这与式（7.11）的含义一致，并在一定程度上支持了粘性信息模型的信息粘性假设。预期分歧的标准差为0.05，范围为 [0.96，1.32]，表明不同时期经济主体与总体平均预期的分歧存在较大波动。预期分歧的持续性为0.35，在1%显著度水平下显著区别于0，表明经济主体存在持续的预期分歧。

在预期的准确性方面，表7.3第（2）列显示，在全部样本时期内，所有预测者的平均预期准确性为-1.31，在1%的显著度水平下显著区别于0。这表明平均而言经济主体的预期总是与宏观经济变量的实际值存在偏差，这拒绝了理性预期假设，并在一定程度上支持了粘性信息模型。根据式（7.6），信息粘性使经济主体依据滞后的信息集做出预期，可能是导致其预期始终存在预期误差的原因。在样本时期内，经济主体平均预期准确性的标准差为0.05，范围为 [-1.39，-1.08]，这表明不同时期经济主体的平均预期准确性存在较大波动。预期准确性的持续性为0.61，在1%显著度水平下显著区别于0，与经济主体的预期分歧相比，其预期准确性更具有持续性。

表7.3 基于马氏距离测度的预期分歧和预期准确性的描述性统计

项目	（1）预期分歧	（2）预期准确性
平均值	1.20 ***	-1.31 ***
标准差	0.05	0.05
范围	[0.96，1.32]	[-1.39，-1.08]
持续性	0.35 *** (0.62)	0.61 *** (0.06)

注：括号内为标准误；*、**、***分别表示在10%、5%和1%显著度水平下显著区别于0；持续性基于 AR（1）估计

图 7.5 展示了以马氏距离测度方式计算的不同预期范围的预期分歧和预期准确性变化情况。从图中可以看出，在不同预期范围下，依据式（7.14）和式（7.16）测度的经济主体的预期分歧和预期准确性的均值和标准差几乎保持不变，这在一定程度上体现了马氏距离测度方法对不同时期预期的测度的内在一致性。

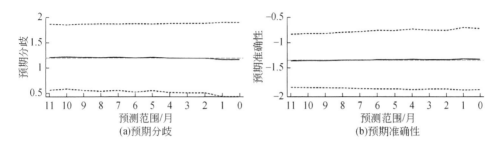

图 7.5 不同预期范围的预期分歧和预期准确性

注：实线代表不同预期范围的平均预期分歧和平均预期准确性，短虚线代表 1 个标准差区间，
水平的长虚线代表全样本均值

图 7.6 展示了依据式（7.14）和式（7.16）测度的样本时期内经济主体平均预期分歧和预期准确性的时间序列。从图中可以看出，专业预测者对中国宏观经济的平均预期分歧和预期准确性是随时间不断波动的。在所标注的四个经济衰退或面临冲击的时期，专业预测者的平均预期分歧并没有表现出与其他时期的明显差异，而平均预期准确性则表现出较前后的其他时期有所升高。由于式（7.15）已通过协方差矩阵控制了不同时期预测的难度差异和预测的异质性，因此可以推测经济主体在这些时期预期准确性的变化是由于预期形成过程中的某些因素导致，根据异质经济主体的粘性信息模型的式（7.9）和式（7.12），这一现象可能是由于经济主体的预期准确性与其信息粘性存在负相关关系，在经济衰退或面临冲击的时期经济主体信息粘性下降，因此其预期的准确性有所上升。这一分析过程也体现了通过协方差矩阵排除不同时期预测难度差异等因素干扰的重要性。由于经济主体的预期分歧不仅受其信息粘性影响，还受到宏观经济变量的持续性等因素影响，因此在经济衰退或面临冲击时期经济主体的预期分歧变化并不明显。特别的，从平均预期准确性的时间序列图像中可以看出，经济主体的平均预期准确性在 2000 ~ 2008 年全球金融危机之前较小，而在 2010 ~ 2020 年全球新冠疫情之前较大，这一发现与本书前文的研究一致。

7.3.2 信息粘性的微观测度

对经济主体信息粘性与其预期分歧和预期准确性之间关系的进一步实证检验

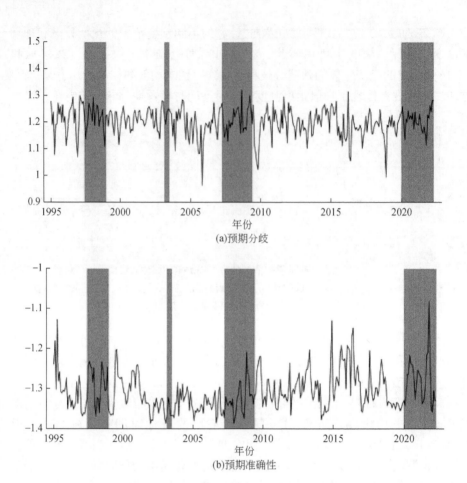

图 7.6　时间序列的预期分歧和预期准确性

注：图中实线表示经济主体的平均预期分歧或预期准确性，阴影标注了经济衰退或大型经济冲击，从左至右表示的事件依次为1997年亚洲金融危机（1997年6月~1999年1月）、2003年非典型肺炎疫情（2003年3月~2003年7月）、2008年全球金融危机（2007年4月~2009年6月）、2020年新冠疫情（2020年1月~2022年5月）

还需要测度时间序列的经济主体的个体信息粘性，为此采取与6.2.2节测度时间序列的总体信息粘性类似的方式。以向量F_{it}表示预测者i在t时期对多种宏观经济变量的预期，如果该向量与在上一次调查时对同一目标时期T的多种宏观经济变量预测$F_{it-1,T}$完全相同，则将该预测者的预期修正FR_{it}定义为1，反之则将FR_{it}定义为0：

$$FR_{it} = \begin{cases} 1, F_{it,T} = F_{it-1,T} \\ 0, F_{it,T} \neq F_{it-1,T} \end{cases} \tag{7.17}$$

预测者 i 的个体信息粘性 K_i 被定义为在全样本时期 $\bar{T}$ 内 FR_{it} 的算数平均值，也即在所有时期内经济主体没有修正其预期的时期所占的比例。

$$K_i = \frac{1}{\bar{T}} \sum_{t=1}^{\bar{T}} FR_{it} \qquad (7.18)$$

与 6.2 节所讨论的一致，该方法无法排除经济主体非理性行为的干扰，如即使经济主体并没有真的更新其信息集，但仍可能出于职业声誉等考虑总是保持对其预期的及时修正，这导致经济主体的实际信息粘性比该方法所测度的要大，即该测度方法衡量了经济主体个体信息粘性的下限。

表 7.4 列出了依据式（7.18）测度的经济主体个体信息粘性的描述性统计结果。在 1995 年至 2022 年的样本期内，共有 54 个经济主体参与了中国经济预期调查，他们的个体信息粘性范围从最小值 0.02 至最大值 0.8。这意味着，信息粘性最低的经济主体在其参与调查的时期内仅有 2% 的时期未更新其预期，说明该经济主体的更新信息频率极高、信息集较新，但也难以排除其出于非理性因素更新预期。信息粘性最高的经济主体在其参与调查的时期内有 80% 的时期都未更新其预期，这说明该经济主体的更新信息频率极低、信息集滞后。由所有经济主体的个体信息粘性的算数平均值计算的平均信息粘性为 0.50，与 6.2.2 节直接测度的总体信息粘性 0.43 较为接近。

表 7.4　个体信息粘性的描述性统计

平均值	0.50
标准差	0.17
范围	[0.02, 0.8]

图 7.7 展示了专业预测者的个体信息粘性的分布和核密度函数图像，从图中可以看出，样本内经济主体的个体信息粘性接近正态分布，但呈现左侧长尾分布，表明经济主体的个体信息粘性总体分布均匀但是存在一些经济主体的信息粘性较低。

7.3.3　微观经验证据

在测度好经济主体的预期分歧、预期准确性和个体信息粘性的基础上，本节进一步厘清经济主体的个体信息粘性对其预期分歧和预期准确性的影响，实证检验异质经济主体粘性信息模型所得出的推论。首先考察经济主体个体信息粘性对其预期准确性的影响：

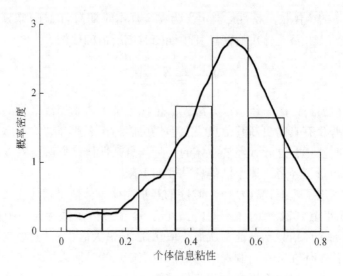

图 7.7　专业预测者的个体信息粘性分布

注：直方图步长为 0.1，曲线表示核密度函数图像

$$\mathrm{Acc}_i = \alpha_0 + \alpha_1 K_i + \varepsilon_t \qquad (7.19)$$

式中，Acc_i 表示依据式（7.16）测度的经济主体 i 的预期准确性在样本期内的算数平均值，K_i 为依据式（7.18）测度的经济主体 i 的个体信息粘性。以经济主体 i 的平均预期准确性对其个体信息粘性回归，其系数 α_1 反映了个体信息粘性对个体预期准确性的影响，$\alpha_1 < 0$ 表示个体信息粘性的提高会导致个体预期准确性的降低，与理论模型一致；$\alpha_1 > 0$ 表明个体信息粘性的提高会导致个体预期准确性的提高，与理论模型相反。

根据图 7.4 所示的理论模型的模拟结果，经济主体的个体信息粘性与其预期分歧间可能存在 U 型关系或线性关系，因此构造如下回归模型检验经济主体个体信息粘性对其预期分歧的影响：

$$\mathrm{Dis}_i = \alpha_0 + \alpha_1 K_i + \alpha_2 K_i^2 + \varepsilon_t \qquad (7.20)$$

式中，Dis_i 表示依据式（7.14）测度的经济主体 i 的个体预期与总体平均预期的分歧在样本期内的算数平均值；K_i 为经济主体 i 的个体信息粘性。以经济主体 i 的平均预期分歧对其个体信息粘性的一次项和二次项回归，其系数 α_1 和 α_2 反映了个体信息粘性对个体预期分歧的影响，$\alpha_2 > 0$ 表示经济主体的个体信息粘性与其预期分歧间存在 U 型关系，$\alpha_2 < 0$ 表示经济主体的个体信息粘性与其预期分歧间存在倒 U 型关系，α_2 的估计值与 0 不存在显著差异且 α_1 的估计值与 0 存在显著差异则表明经济主体的个体信息粘性与其预期分歧存在线性关系。

表 7.5 列出了依据回归模型（7.19）和（7.20）的估计结果。表中第（1）

列显示，在经济主体预期准确性对个体信息粘性的回归中，信息粘性（K_i）的系数估计值为-0.30，在1%显著度下显著。这表明个体预期准确性随着经济主体个体信息粘性的提高，其预期准确性将下降，这与式（7.9）所示的理论模型的结果一致。该结果同样符合逻辑，经济主体的个体信息粘性越高意味着其依据越滞后的信息集做出预期，由于宏观经济变量序列包含外生冲击，信息集滞后的时间越长意味着受到的时期内的外生冲击影响越多，导致预期误差增大，预期准确性下降。

表7.5第（2）列显示，在经济主体预期分歧对个体信息粘性的回归中，信息粘性（K_i）和信息粘性二次项（K_i^2）的系数估计值分别为-1.54和2.46，均在1%显著度下显著，表明经济主体预期分歧和其个体信息粘性间存在 U 型关系并且转折点为0.31。随着经济主体个体信息粘性的提高，其个体预期与总体平均预期间的分歧将逐渐减小，直至经济主体个体信息粘性达到0.31时其预期分歧达到最小。此后随着经济主体个体信息粘性的提高，其个体预期与总体平均预期间的分歧将逐渐增大。式（7.12）所示的理论模型可以包含这种情况，在理论上，经济主体个体信息粘性与其预期分歧间的这种 U 型关系由经济主体个体信息粘性、总体平均信息粘性、宏观经济变量的持续性和外生冲击的方差四种因素共同决定。总体而言，实证结果表明，与异质经济主体的粘性信息模型所刻画的一致，经济主体的个体信息粘性对其预期准确性和与总体平均预期间的分歧具有显著影响，对于前者，二者的关系是负相关的，对于后者，二者间存在 U 型关系。

表7.5　个体信息粘性与预期准确性和预期分歧：回归结果

项目	（1） 预期准确性	（2） 预期异质性
信息粘性（K_i）	-0.30 ***	-1.54 ***
	（0.01）	（0.04）
信息粘性二次项（K_i^2）		2.46 ***
		（0.06）
调整后的R^2	0.11	0.30

注：括号内为标准误；＊、＊＊、＊＊＊分别表示在10%、5%和1%显著度水平下显著

7.4　本章小结

本章进一步在个体层面探究经济主体预期的特征及其形成机制。对中国宏观经济预测数据的研究表明，专业预测者对中国宏观经济的预期存在显著且持续的分歧和预期误差，这从一个侧面拒绝了理性预期假设，因为理性预期要求经济主

体的预期都是同质的，并且误差均值为零。该发现进一步支持了粘性信息模型等不完全信息模型：由于信息粘性的存在，经济中各群体的信息集分层次滞后，因此他们依据各自不同的信息集做出的预期将产生分歧，同时信息集的滞后也使其预期产生了误差。

放松所有经济主体共享相同信息粘性这一假设，模型得到重要推论：微观经济主体的信息粘性决定其预期准确性和预期分歧。使用宏观经济预测数据测度相关指标并进行回归分析，验证了经济主体的个体信息粘性与其预期准确性具有负相关关系，个体信息粘性的增大将使其预期准确性降低。经济主体的个体信息粘性与其预期与总体平均预期间的分歧具有 U 型关系。在拐点前，个体信息粘性的增大将使其与总体平均预期间的分歧减小，在拐点后，个体信息粘性的增大将使其与总体平均预期间的分歧增大。对预期的特征和性质的这些深入考察，将支撑对预期形成机制的更完善刻画和对预期影响经济动态的更全面分析。

| 第8章 |　粘性信息与货币政策有效性：模型推论

　　本书的第 3 章和第 4 章在理论层面分析了预期在总需求和总供给两侧对经济产生的影响，表明预期在宏观经济运行中发挥着核心作用；第 5 章至第 7 章分析了中国经济预期的特征和性质，表明经济主体对中国经济的预期存在着非理性预期和粘性信息等重要特征。本章将结合实证研究所发现的经济主体预期形成过程中粘性信息的重要特征，进一步细化理论模型，并在理论层面深入研究经济主体预期形成过程中的粘性信息性质对中国货币政策有效性的影响。

　　货币政策有效性是指中央银行能否通过使用货币政策工具来影响产出和就业等实际变量，以及相应的影响程度，货币政策有效性问题是货币政策体系最突出的问题之一，因此厘清预期的粘性信息性质对中国货币政策有效性的影响兼具重要的理论和实践意义。此外，粘性信息对中国货币政策有效性的影响问题，直接触及微观经济主体预期和宏观经济政策的交互，实际上是预期管理问题的一个缩影，因此对该问题的深入研究对于发展和完善深层次的预期管理机制也具有参考意义。本章将在原始的粘性信息理论基础上，引入信息粘性的状态依存特征，提出一个具有状态依存信息粘性的不完全信息动态随机一般均衡模型，并在此基础上以数值模拟方法深入讨论模型含义，梳理粘性信息对中国货币政策有效性的影响。

8.1　货币政策有效性

　　在理论层面，货币政策有效性问题是宏观经济理论研究和争论的重点，不同的经济学流派和学说对此存在不同的看法。古典经济学采取"二分法"，将名义变量和实际变量分为两个互不相干的领域，其背后的含义是货币中性，即货币政策不具有实际效果。凯恩斯主义首次将总需求和总供给系统性地结合考虑，基于大萧条时期的有效需求不足假设，设定短期价格刚性，从而导致货币非中性，指出货币政策能够在短期内有效影响实际变量。20 世纪 70 年代的滞涨暴露了凯恩斯主义缺乏微观基础的脆弱性，同时期的卢卡斯批判（Lucas，1976）带来的理性预期革命激发了新古典主义经济学的诞生，认为在完全理性预期下货币政策的影响在一开始就被经济主体预料到，因此货币政策只能改变价格，不具有实际效果。

新凯恩斯主义经济学在理性预期假设的基础上，通过相对工资理论、工资和价格交错调整模型、菜单成本模型等（Fischer, 1977；Taylor, 1980；Calvo, 1983；Mankiw, 1985）补足了凯恩斯主义的微观基础，将价格刚性假设放松为价格粘性假设，由此再次表明了货币政策具有有效性。然而，基于理性预期假设的价格粘性模型表现出与现实动态的偏离，其无法解释现实中价格的缓慢调整，同时理性预期也是一个与现实距离太过遥远的假设。粘性信息模型（Mankiw and Reis, 2002）将价格缓慢调整与理性预期太过偏离现实的问题在一个假设中协调的解决。它假设经济主体是理性的，但信息是有成本的，因此经济主体并不会实时更新他们的信息，即信息具有粘性，这导致了经济中不同经济主体的信息和预期分层次的滞后，从而带来了经济主体行为的分层次滞后，因此价格表现出缓慢调整，从而在短期内货币政策具有有效性，同时由于底层假设的改变，粘性信息模型下经济的各方面动态与传统的价格粘性模型相比都表现出了新的特点，粘性信息下货币政策的有效性具有深入探索的价值。

在实践层面，改革开放以来中国货币政策治理体系不断发展，在宏观经济治理中发挥了越来越重要的作用，但在 2008 年后也持续面临着货币政策有效性下降的突出问题，对此学界已有大量基于时间序列的测算研究给出了实证证据（刘金全和解瑶姝，2016；陈小亮等，2023）。另一方面，随着经济进入新发展阶段，高质量发展目标对货币政策治理提出了更高要求，在维护宏观经济平稳运行、防范系统风险的基础上，还面临着深化供给侧结构性改革、有效扩大内需、促进区域协调发展等多重目标。在此背景下，厘清中国货币政策有效性的影响因素成为解决问题的一个关键。

货币政策的传导需要经过政策工具、操作目标、中介目标和最终目标的完整路径，货币政策的效果受其中的每个环节影响，其最终取得的效果表现为货币政策的有效性。在政策工具到中介目标的传导阶段，一个较普遍的共识是中国数量型货币政策有效性下降和价格型货币政策尚未健全的现状使得中国货币政策有效性总体表现下降，数量型货币政策的基础是中央银行可以外生的控制货币供给。一方面，随着经济发展和金融创新水平的提高，包括中国在内的世界各大经济体普遍表现出货币供应内生化的现象，这影响了数量型货币政策对货币供应量的操作。郭豫媚等（2016）指出，中国人民银行通过信贷渠道对货币供应量的调控能力减弱影响了数量型货币政策的有效性。另一方面，中国的利率市场化机制仍在发展之中，无法完全弥补数量型货币政策的作用。数量型和价格型货币政策之争只是影响中国货币政策有效性的一部分原因，因为无论是数量型还是价格型货币政策的传导都还需经过中介目标至最终目标这一跨越。

这一阶段是指货币供应量或利率的变化对广泛的宏观经济变量产生影响，已有研究表明中国货币政策在这一传导阶段受到多种宏观因素影响。例如，苏治等（2019）研究了经济不确定性对此的影响，其指出经济不确定性提高将使经济主体避险情绪上升，并由此带来更保守的需求调整，导致货币政策有效性下降。陈小亮等（2021）研究了人口老龄化对此的影响，其指出人口老龄化主要通过削弱投资调整幅度来削弱货币政策有效性。

由货币供应量或利率的变化转变为广泛的宏观经济变量的变化这一过程，在微观层面对应的是经济主体在观察到政策信号和市场信号改变后依据新的预期对其自身行为进行调整，无数微观经济主体对其行为的调整经过加总后在宏观层面表现为宏观经济变量的改变。在这过程中实际上是经济主体的预期在发挥着核心作用，在所提及的已有研究基础上继续深挖下去，无论是经济不确定性还是人口老龄化，都是影响经济主体预期的因素，可以认为是这些因素通过影响经济主体的预期进而影响了货币政策有效性。因此对货币政策有效性的考察在本质上也应该向预期的决定性影响方向挖掘，而粘性信息作为预期形成的关键特征和机制，也在其中发挥了重要作用，因此深入探究粘性信息对中国货币政策有效性的影响具有重要价值。

8.2　状态依存信息粘性模型

本书的第 4 章构建了一个包含固定粘性信息水平的动态随机一般均衡以突出预期在宏观经济动态中的核心作用，结果表明消费者和生产者预期形成过程中的粘性信息性质分别在总需求和总供给两侧对宏观经济动态产生深远影响。更进一步地，本书第 6 章基于中国预期调查数据进行实证分析，发现经济主体预期形成过程中的粘性信息性质具有显著的状态依存性，在经济衰退或波动程度大的时期，经济主体的信息粘性将降低，而在经济繁荣或波动程度小的时期，经济主体的信息粘性将升高。基于现实中经济主体的粘性信息水平表现出的这一变化特点，有必要将理论模型进一步扩展，以状态依存的可变信息粘性取代原模型的固定信息粘性，以使模型更加贴近现实并讨论其呈现出的新特点，从而深入研究经济主体预期形成过程中的粘性信息对政策有效性的影响。

在 4.1.2 节的基础的固定信息粘性水平的模型中，由于信息粘性的存在，家庭和厂商在每个时期都有固定的概率 δ 和 λ 更新其信息集。更新信息的概率决定了在每个时期经济中存在着信息集滞后程度不同的各群体的占比，所有经济主体依据其各自的信息集形成预期，并追求预期的效用或利润最大化。在本节的拓展模型中，经济主体的最优化行为与该基础模型一致，拓展之处在于以状态依存的可变信息粘性水平取代了固定的信息粘性水平，即在每个时期家庭和厂商更新其信息集的概率都与当期的宏观经济状态有关。

这一拓展遵循和延伸了粘性信息模型（Mankiw and Reis，2002）的"信息是有成本的"这一核心思想。在宏观经济状态不同的时期，经济主体更新信息以做出更准确预期的收益是不同的，是否更新信息取决于成本和收益的权衡，如果更新信息的收益大于信息的成本，经济主体将更愿意更新其信息，反之，如果更新信息的收益小于信息的成本，经济主体将不愿更新其信息。为简化起见，假设家庭和厂商更新和处理信息的成本是固定的，并在时间和个体间独立同分布，以此假设为基础，接下来分别介绍厂商和家庭面临的情况，以及经济的加总和均衡。

8.2.1 厂商

厂商面临固定的更新和处理信息的成本，且该成本在不同厂商和不同时间独立同分布，令 $f(k_t^f)$ 和 $F(k_t^f)$ 分别表示厂商更新和处理信息的成本的概率密度函数和累计分布函数，k_t^f 以单位劳动时间衡量，因此厂商 j 最终更新信息的总成本为其所需的劳动时间和该厂商的工资水平的乘积 $k_t^f w_{j,t}$。令 $V_{0,t}^f$ 表示在 t 时期将信息更新至最新的厂商的收益，则 $V_{j,t}^f$ 表示在 t 时期信息滞后 j 期的厂商的收益，其中 j 的范围是 1 至 $J-1$。因此，基于最初的分析，理性的厂商更新其信息的行为取决于成本和收益的权衡，如果更新信息后的收益大于更新信息前的收益水平，即 $V_{0,t}^f - k_t^f w_{j,t} > V_{j,t}^f$，则厂商将选择更新信息；如果更新信息后的收益小于更新信息前的收益水平，即 $V_{0,t}^f - k_t^f w_{j,t} < V_{j,t}^f$，则厂商将选择不更新信息。因此在每个时期，对于 k_t^f 的一个固定分布，更新信息的成本 $k_t^f < [(V_{0,t}^f - V_{j,t}^f)/w_{j,t}]$ 的厂商才会选择更新信息，而更新信息大于这一数值的厂商则选择不更新信息，更新信息的成本 $k_t^f = [(V_{0,t}^f - V_{j,t}^f)/w_{j,t}]$ 是一个临界值，处于这一成本的厂商更新和不更新信息集的收益是无差异的。由此推知，在任意时期 t，滞后期数为 j 的厂商更新信息的概率可以表示为：

$$\theta_{j,t}^f = F\left(\frac{V_{0,t}^f - V_{j,t}^f}{w_{j,t}}\right) \tag{8.1}$$

式中，j 的范围是 1 至 $J-1$。从式（8.1）中可以看出，在本模型假设中，厂商 j 的工资水平 $w_{j,t}$ 对于其是否更新信息集的决策具有重要影响，进一步假设在 J 期后所有的经济主体都会更新其信息集，这意味着 $\theta_{J,t}^f = 1$。假设在 t 时期，信息滞后期数为 j 的厂商的占比为 $\psi_{j,t}^f$，则有 $\sum_{j=0}^{J} \psi_{j,t}^f = 1$，因此当期把信息集更新到最新的厂商的占比可以由不同滞后期数厂商占比及其相应更新信息的概率的乘积之和表示：

$$\lambda_t^f = \sum_{j=1}^{J} \psi_{j,t}^f \theta_{j,t}^f \tag{8.2}$$

与此相对应的，当期没有更新信息集的厂商的占比可以由 $1-\lambda_t^f$ 表示。λ_t^f 同时代表了在 t 时期厂商总体更新信息集的平均概率，它衡量了 t 时期厂商总体的信息粘性水平。λ_t^f 的含义与固定信息粘性模型中的 λ 相似，它为宏观经济模型中厂商更新信息的频率提供了微观基础，不同之处在于 λ_t^f 是具有状态依存性的，在不同时期具有可变性。

在 t 时期信息滞后 j 期的厂商的收益 $V_{j,t}^f$ 可以由贝尔曼方程给出：

$$V_{j,t}^f = \max \mathbb{E}_{t-j} \left\{ \begin{array}{c} \left[\dfrac{P_{j,t}}{P_i} y_{j,t} - w_{j,t} n_{j,t} \right] + \\ \beta Q_{t,t+1} \left[(1-\theta_{j+1,t+1}^f) V_{j+1,t+1}^f + \theta_{j+1,t+1}^f (V_{0,t+1}^f - \Gamma_{j+1,t+1}^f) \right] \end{array} \right\} \tag{8.3}$$

式中，$Q_{t,t+1}$ 为随机贴现因子；$\Gamma_{j+1,t+1}^f$ 表示更新信息的成本。式（8.3）表明，在 t 时期信息滞后 j 期的厂商的决策目标包含两方面：式（8.3）右侧第一项表明，信息滞后 j 期的厂商需要基于其滞后的预期进行利润最大化决策；式（8.3）右侧第二项表明，信息滞后 j 期的厂商需要使下一期更新信息的状态和不更新信息的状态的加权和最大化，两种状态的权重由其在下一期更新信息的概率 $\theta_{j+1,t+1}^f$ 给出。

相似的，在 t 时期将信息集更新至最新的厂商的收益 $V_{0,t}^f$ 同样由贝尔曼方程给出：

$$V_{0,t}^f = \max \mathbb{E}_t \left\{ \begin{array}{c} \dfrac{P_{0,t}}{P_t} y_{0,t} - w_{0,t} n_{0,t} + \\ \beta \mathbb{E}_t \{ Q_{t,t+1} [(1-\theta_{t,t+1}^f) V_{1,t+1}^f + \theta_{t,t+1}^f (V_{0,t+1}^f - \Gamma_{1,t+1}^f)] \} \end{array} \right\} \tag{8.4}$$

式中，$Q_{t,t+1}$ 为随机贴现因子；$\Gamma_{1,t+1}^f$ 表示更新信息的成本。式（8.4）表明，在 t 时期将信息集更新至最新的厂商的决策目标同样包含两方面：式（8.4）右侧第一项表明，信息集不存在滞后的厂商需要对当期利润最大化做出决策；式（8.4）右侧第二项表明，信息集不存在滞后的厂商需要使下一期不更新信息情况下的收益 $V_{1,t+1}^f$ 和下一期更新信息情况下的收益（$V_{0,t+1}^f - \Gamma_{t,t+1}^f$）的加权和最大化，其中权重由其在下一期更新信息的概率 $\theta_{t,t+1}^f$ 给出。

8.2.2 家庭

与厂商相同，家庭也面临固定的更新和处理信息的成本，且该成本在不同家庭和不同时间独立同分布，不同之处在于该成本以单位消费来衡量，令 $g(k_t^h)$ 和 $G(k_t^h)$ 分别表示家庭更新和处理信息的成本的概率密度函数和累计分布函数，因此家庭 i 最终更新信息的总成本为其所需的单位消费数量和该家庭的消费水平的乘积 $k_t^g c_{i,t}$。令 $V_{0,t}^h$ 表示在 t 时期将信息更新至最新的家庭的收益，则 $V_{i,t}^h$ 表示在 t 时期信息滞后 i 期的家庭的收益，其中 i 的范围是 1 至 $I-1$。与对厂商的分析相似，理性的家庭更新其信息的行为取决于成本和收益的权衡，如果更新信息后的收益大于更新信息前的收益水平，即 $V_{0,t}^g - k_t^g c_{i,t} > V_{i,t}^g$，则家庭将选择更新信息；如果更新信息后的收益小于更新信息前的收益水平，即 $V_{0,t}^g - k_t^g c_{i,t} < V_{i,t}^g$，则家庭将选择不更新信息。因此在每个时期，对于 k_t^g 的一个固定分布，更新信息的成本 $k_t^g <$ $((V_{0,t}^g - V_{i,t}^g)/c_{i,t})$ 的家庭才会选择更新信息，而更新信息大于这一数值的家庭则选择不更新信息，更新信息的成本 $k_t^g = ((V_{0,t}^g - V_{i,t}^g)/c_{i,t})$ 是一个临界值，处于这一成本的家庭更新和不更新信息集的收益是无差异的。由此推知，在任意时期 t，滞后期数为 i 的家庭更新信息的概率可以表示为：

$$\theta_{i,t}^g = G\left(\frac{V_{0,t}^g - V_{i,t}^g}{c_{i,t}}\right) \tag{8.5}$$

式中，i 的范围是 1 至 $I-1$，假设在 I 期后所有的经济主体都会更新其信息集，这意味着 $\theta_{I,t}^g = 1$。从式（8.5）中可以看出，在本模型假设中，家庭 i 的消费水平 $c_{i,t}$ 对于其是否更新信息集的决策具有重要影响。假设在 t 时期，信息滞后期数为 i 的家庭的占比为 $\psi_{i,t}^g$，则有 $\sum_{i=0}^{I} \psi_{i,t}^g = 1$，因此当期把信息集更新到最新的家庭的占比可以由不同滞后期数家庭占比及其相应更新信息的概率的乘积之和表示：

$$\delta_t^g = \sum_{i=1}^{I} \psi_{i,t}^g \theta_{i,t}^g \tag{8.6}$$

与此相对应的，当期没有更新信息集的家庭的占比可以由 $1 - \delta_t^g$ 表示。δ_t^g 同时代表了在 t 时期家庭总体更新信息集的平均概率，它衡量了 t 时期家庭总体的信息粘性水平。δ_t^g 的含义与固定信息粘性模型中的 δ 相似，不同之处在于 δ_t^g 具有的状态依存性使其在不同时期具有可变性。

与式（8.3）和式（8.4）相似，在 t 时期信息滞后 i 期和将信息更新至最新的家庭的收益 $V_{i,t}^h$ 和 $V_{0,t}^h$ 可以由贝尔曼方程给出：

$$V_{i,t}^h = \max \mathbb{E}_{t-j}\left\{\begin{array}{c} u(c_{i,t}, n_{i,t}, m_{i,t}) + \\ \beta Q_{t,t+1}[(1-\theta_{i+1,t+1}^h)V_{i+1,t+1}^h + \theta_{i+1,t+1}^h(V_{0,t+1}^h - \Gamma_{i+1,t+1}^h)]\end{array}\right\} \tag{8.7}$$

$$V_{0,t}^h = \max \mathbb{E}_t\left\{\begin{array}{c} u(c_{0,t}, n_{0,t}, m_{0,t}) + \\ \beta \mathbb{E}_t\{Q_{t,t+1}[(1-\theta_{1,t+1}^h)V_{1,t+1}^h + \theta_{1,t+1}^h(V_{0,t+1}^h - \Gamma_{1,t+1}^h)]\}\end{array}\right\} \tag{8.8}$$

式中，$Q_{t,t+1}$ 为随机贴现因子；$\Gamma_{i+1,t+1}^h$ 和 $\Gamma_{t,t+1}^h$ 表示家庭更新信息的成本。式（8.7）

和式（8.8）表明，在有可能某个时期不更新信息的情况下，即在具有信息粘性的情况下，在 t 时期信息滞后 i 期（$i \in [0, I]$）的家庭的决策目标包含两部分：等式右侧第一项表明，在 t 时期信息滞后 i 期的家庭需要基于其信息集形成的滞后 i 期的预期，选择消费水平 $c_{i,t}$、提供的劳动 $n_{i,t}$ 和持有的实际货币余额 $m_{i,t}$ 进行效用最大化决策；等式右侧第二项表明，在 t 时期信息滞后 i 期的家庭需要使下一期不更新信息情况下的收益 $V_{i+1,t+1}^h$ 和下一期更新信息情况下的收益（$V_{0,t+1}^h - \Gamma_{i+1,t+1}^h$）的加权和最大化，其中权重由其在下一期更新信息的概率 $\theta_{i+1,t+1}^h$ 给出。

8.2.3 市场出清

在经济具有信息粘性的情况下，在每个时期，经济中家庭和厂商的信息集和预期都分层次滞后，不同滞后程度群体所占比例由其所属总体的平均信息粘性决定，因此区别于价格粘性的标准新凯恩斯动态随机一般均衡模型，信息粘性假设下宏观经济的加总表现出重要特点。为方便对比，在此也将重新列出 4.1.2 节的固定信息粘性模型下消费、劳动、实际货币余额和总价格水平的加总表达式。

在固定信息粘性假设下，宏观经济的消费、劳动和实际货币余额的加总由家庭更新信息的概率 δ 决定，在每个时期，家庭的总体都有 δ 的平均概率更新信息至最新，有（$1-\delta$）的概率不更新信息，因此在 t 时期，经济中有占比为 δ 的家庭信息集更新至最新，有占比为（$1-\delta$）的家庭信息集存在滞后，在这占比（$1-\delta$）的家庭中，又有占比为 δ（$1-\delta$）的家庭在上一期更新了信息，即信息滞后期数为 1 期，而有占比为（$1-\delta$）^{2} 的家庭在上一期也没有更新信息，即信息滞后期数大于 1 期，以此类推，可以得到变量的宏观加总表达式：

$$c_t = \delta \sum_{i=0}^{\infty} (1-\delta)^i c_{i,t} \tag{8.9}$$

$$m_t = \delta \sum_{i=0}^{\infty} (1-\delta)^i m_{i,t} \tag{8.10}$$

$$n_t = \delta \sum_{i=0}^{\infty} (1-\delta)^i n_{i,t} \tag{8.11}$$

同理，在固定信息粘性假设下，经济的总价格水平为不同厂商价格水平的加权平均值，宏观经济的价格水平的加总由厂商更新信息的概率 λ 决定：

$$P_t = \lambda \sum_{j=0}^{\infty} (1-\lambda)^j P_{j,t} \tag{8.12}$$

接下来介绍状态依存信息粘性模型下经济的加总。在信息粘性具有状态依存性的情况下，经济的加总所遵循的本质原理与固定信息粘性模型一致，即经济主体的总体平均信息粘性决定了不同信息滞后程度群体的占比，从而决定了变量的宏观加总。区别在于，信息粘性由于状态依存性而在不同时期具有了可变性，因此在该模型下，应将经济主体的总体平均信息粘性水平视为一个变量，而非参数。

在状态依存信息粘性模型下，宏观经济的消费、劳动和实际货币余额的加总由家庭更新信息的平均概率 δ_t^g（$t \in [1, I]$）决定。在 t 时期，家庭更新信息至最新的总体平均概率为 δ_t^g，有 $(1-\delta_t^g)$ 的概率不更新信息，因此在 t 时期，经济中有占比为 δ_t^g 的家庭信息集更新至最新，有占比为 $(1-\delta_t^g)$ 的家庭信息集存在滞后，由于在 $t-1$ 时期，家庭更新信息至最新的总体平均概率为 δ_{t-1}^g，因此在这占比 $(1-\delta_t^g)$ 的家庭中，又有占比为 δ_{t-1}^g $(1-\delta_t^g)$ 的家庭在上一期更新了信息，即信息滞后期数为 1 期，而有占比为 $(1-\delta_t^g)$ $(1-\delta_{t-1}^g)$ 的家庭在上一期也没有更新信息，即信息滞后期数大于 1 期，以此类推，可以得到变量的宏观加总表达式：

$$c_t = \delta_t^g c_{0,t} + \sum_{i=1}^{\infty} c_{i,t} \delta_{t-i}^g \prod_{k=0}^{k=i-1} (1 - \delta_{t-k}^g) \tag{8.13}$$

$$n_t = \delta_t^g n_{0,t} + \sum_{i=1}^{\infty} n_{i,t} \delta_{t-i}^g \prod_{k=0}^{k=i-1} (1 - \delta_{t-k}^g) \tag{8.14}$$

$$m_t = \delta_t^g m_{0,t} + \sum_{i=1}^{\infty} m_{i,t} \delta_{t-i}^g \prod_{k=0}^{k=i-1} (1 - \delta_{t-k}^g) \tag{8.15}$$

式中，$\prod$ 为连乘符号。同理，在状态依存信息粘性假设下，经济的总价格水平为不同厂商价格水平的加权平均值，宏观经济的价格水平的加总由不同时期厂商更新信息的总体平均概率 λ_t^f 决定：

$$P_t = \lambda_t^f P_{0,t} + \sum_{j=1}^{\infty} P_{j,t} \lambda_{t-j}^f \prod_{l=0}^{l=j-1} (1 - \lambda_{t-l}^f) \tag{8.16}$$

状态依存信息粘性模型下经济的其他均衡条件与 4.1.2 节的固定信息粘性模型的均衡条件基本一致，在此不再赘述。

8.3　数值模拟分析

本节在 8.2 节的理论模型基础上以数值模拟的方式考察粘性信息对中国货币政策有效性的影响。为此，假设 $I = J = 4$，即假设所有家庭和厂商在四个时期之后都将更新其信息集至最新。假设厂商更新信息集的成本的累计分布函数的形式为

$$F(\kappa_t^f) = \frac{\zeta^f + \kappa_t^f}{\eta^f + \kappa_t^f} \tag{8.17}$$

式中，ζ^f 和 η^f 均为正参数，并且 $\zeta^f < \eta^f$。式（8.17）同时表明厂商更新信息集的成本的累积分布函数的下界为 ζ^f / η^f。

根据 8.2.1 节的分析，$k_t^f = \left[(V_{0,t}^f - V_{j,t}^f) / w_{j,t} \right]$ 是 t 时期信息滞后期数为 j 的厂商选择更新信息集的成本的临界值，因此根据（8.1）式，在 t 时期信息滞后期数为 j 的厂商更新信息集的概率由成本临界值所对应的累积分布函数取值给出，结合式（8.17），这意味着式（8.1）可以重新表示为

$$\theta_{j,t}^f = F(\kappa_t^f) = \frac{\zeta^f + (V_{0,t}^f - V_{j,t}^f) / w_{j,t}}{\eta^f + (V_{0,t}^f - V_{j,t}^f) / w_{j,t}} \tag{8.18}$$

式（8.18）表明，在 t 时期信息滞后期数为 j 的厂商更新信息集的概率随着更新信息集的总收益（$V_{0,t}^f - V_{j,t}^f$）的增加而增大，随着该厂商的工资水平 $w_{j,t}$ 的增加而减小。由于厂商更新信息集的总成本与其工资水平正相关，这也意味着厂商更新信息集的概率随着其更新信息集的成本的增加而减小。

相似地，假设家庭更新信息集的成本的累计分布函数的形式为

$$G(\kappa_t^h) = \frac{\zeta^h + \kappa_t^h}{\eta^h + \kappa_t^h} \tag{8.19}$$

式中，ζ^h 和 η^h 均为正参数，并且 $\zeta^h < \eta^h$。式（8.19）表明家庭更新信息集的成本的累积分布函数的下界为 ζ^h / η^h。

根据 8.2.2 节的分析，$k_t^h = \left[(V_{0,t}^h - V_{j,t}^h) / c_{h,t} \right]$ 是 t 时期信息滞后期数为 i 的家庭选择更新信息集的成本的临界值，因此根据式（8.5），在 t 时期信息滞后期数为 i 的家庭更新信息集的概率由成本临界值所对应的累积分布函数取值给出，结合式（8.19），这意味着式（8.5）可以重新表示为

$$\theta_{i,t}^g = G(\kappa_t^h) = \frac{\zeta^h + (V_{0,t}^h - V_{i,t}^h) / c_{i,t}}{\eta^h + (V_{0,t}^h - V_{i,t}^h) / c_{i,t}} \tag{8.20}$$

式（8.20）表明，在 t 时期信息滞后期数为 i 的家庭更新信息集的概率随着更新信息集的总收益（$V_{0,t}^h - V_{j,t}^h$）的增加而增大，随着该家庭的消费水平 $c_{i,t}$ 的增加而减小，由于家庭更新信息集的总成本与其消费水平正相关，这也意味着家庭更新信息集的概率随着其更新信息集的成本的增加而减小。

在参数设置方面，为方便对比分析，设置 ζ^f，η^f，ζ^h，η^h 的取值使在稳态时家庭和厂商的信息粘性水平与 4.1.3 节设置的固定信息粘性水平一致，即令 $1 - \overline{\lambda}^f = 1 - \overline{\delta}^g = 0.75$，模型其他参数与 4.1.3 节的设置一致。

图 8.1 展示了 8.2 节的状态依存粘性信息模型和 4.1.2 节的固定粘性信息模型面临一次方差确定的随机正向货币政策冲击的数值模拟结果。图中的第 1 行显示了两种模型下经济的通货膨胀和产出缺口对于货币政策冲击的响应动态。在通货膨胀变化方面，状态依存粘性信息模型和固定粘性信息模型总体表现出了相似的动态，即在第 1 期的一个正向的货币政策冲击影响下，经济的价格水平立刻在同期提高，经济的通货膨胀率骤增。其中，固定粘性信息模型的通货膨胀率表现

出驼峰形动态，在该模型中通货膨胀率首先在第1期立即大幅提高至0.18，之后继续上升并在第2期达到最大值0.19，此后通货膨胀率不断下滑并在第12期达到0.03。状态依存粘性信息模型中通货膨胀率在第1期即达到最大值0.16，并在第2期略有下降，之后通货膨胀率不断下滑并在第12期达到0.04。

在产出缺口变化方面，状态依存粘性信息模型和固定粘性信息模型同样表现出了相似的动态。在第1期的一个正向的货币政策冲击影响下，由于信息粘性在经济中发挥了摩擦的作用，货币政策能够对经济的实际变量产生影响，经济在冲击的同期出现正向的产出缺口，并随时间推移该缺口逐渐缩小最终回归至稳态的0值。其中，固定粘性信息模型的产出缺口表现出驼峰形动态，在该模型中产出缺口在第1期立即大幅提高至0.15，后续继续上升并在第3期达到最大值0.26，之后产出缺口不断下滑并在第12期达到0.04。在状态依存粘性信息模型中产出缺口的变化同样表现出驼峰形动态，在扩张性货币政策冲击发生的第1期，产出缺口较稳态的增长率立即达到最大值0.12，之后继续上升并在第2期达到最大值0.20。与固定信息粘性模型不同的是在该模型中产出缺口的增长率在第3期即开始不断下滑，至第12期达到0.05。

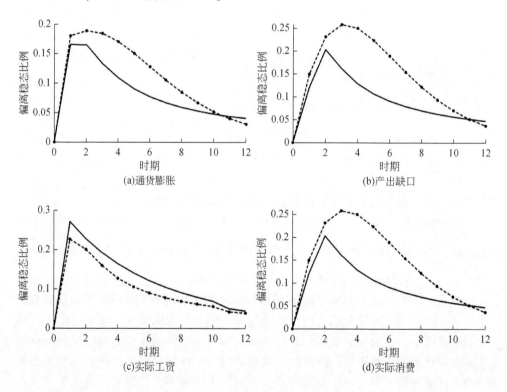

(a)通货膨胀   (b)产出缺口

(c)实际工资   (d)实际消费

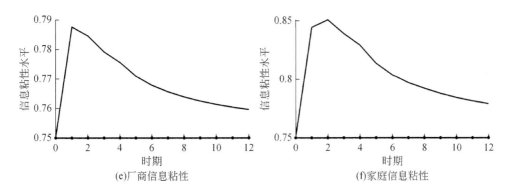

(e)厂商信息粘性　　　　　　　(f)家庭信息粘性

图8.1　粘性信息和粘性价格对比：货币政策冲击

注：实线为状态依存粘性信息模型，圆形点线为固定粘性信息模型

　　总体而言，在状态依存信息粘性模型和固定信息粘性模型下经济的通货膨胀和产出缺口对扩张性货币政策冲击的响应表现出了相似的趋势，而二者动态的具体差别则来自于两种模型中经济主体信息粘性的差异。在固定信息粘性模型中，由于模型假设经济主体的信息粘性是一个固定值，模型中厂商和家庭的信息粘性水平在冲击前后始终保持于0.75。相比起来，状态依存信息粘性模型假设经济主体的信息粘性由于状态依存性而在不同时期可以发生变化，其具体信息粘性水平要在每个时期经过对更新信息的成本和收益权衡后决定。根据8.2节的分析，厂商和家庭更新信息的成本分别与其工资水平和消费水平正相关，随着工资水平和消费水平的提高，其更新信息的成本将上升，由于更新信息成本的上升，经济主体将更不愿更新信息，即表现为成本收益权衡后的更新信息概率下降和信息粘性水平上升，式（8.1）和式（8.5）清晰地表现了这一点。

　　图8.1的第2行展示了两种模型下经济的实际工资和实际消费在正向货币政策冲击下的响应动态。在信息粘性摩擦下，正向货币政策冲击使经济的总需求扩张，其在供给侧表现为经济的总产出增加，而在需求侧表现为经济的总消费增加。货币冲击下，经济的总消费动态与产出缺口动态一致，都表现出了驼峰形的扩张动态。总产出的扩张也带来了实际工资的增长。从图中可以看出，在第1期的正向货币政策冲击影响下，状态依存粘性信息模型下经济的实际工资立即在同期大幅提高至0.23，之后增长程度不断滑落至0.04。由于在状态依存信息粘性模型中家庭和厂商更新信息的成本与消费水平和实际工资水平正相关，经济的总消费水平和实际工资的提高带来了家庭和厂商更新信息成本的上升和信息粘性的提高。

　　厂商和家庭信息粘性的动态与实际工资和总消费的动态相似，在第1期由于实际工资和总消费的大幅提高，厂商和家庭的信息粘性在同期立即大幅提高，其中厂商的信息粘性在第1期即达到最大值,在第2期及之后随着实际工资增长的滑落,厂商更新信息的成本开始逐渐降低,因此信息粘性不断下降。由于总消费的动态表现出了驼峰形,家庭的信息粘性动态同样也表现出驼峰形,在第2期随着消费水平的进一步提高,家庭更新信息的成本以及由此导致的信息粘性进一步上升,在第3期及之后随着消费水平增长的逐渐滑落家庭的信息粘性也不断降低。

结合状态依存信息粘性模型下厂商和家庭信息粘性的动态变化,进一步分析其与固定信息粘性模型下经济的通货膨胀和产出动态的差异的产生原因。在状态依存信息粘性模型下厂商和家庭的信息粘性水平在冲击发生的第1期即同期大幅增长,大于稳态和固定信息粘性模型中的0.75。虽然厂商信息粘性的提高能够使同等需求扩张程度下经济的产出缺口扩张得更大,但是家庭信息粘性的提高也使经济的总需求调整变慢。

在状态依存粘性信息模型中的厂商和家庭信息粘性均大于固定信息粘性模型时,家庭信息粘性的差异在冲击发生的初期发挥了更大的作用,更大的家庭信息粘性使得状态依存信息粘性模型中总需求的调整速度更慢。这导致在冲击发生初期,状态依存信息粘性模型中的通货膨胀和产出缺口调整幅度都不及固定信息粘性模型,这种差异一直持续到第11期。在这过程中,随着时间的推移,两种经济中的大部分家庭都已经意识到冲击的发生,这意味着经济的总需求调整几乎已接近到位,表现为两种模型下经济的通货膨胀和产出缺口十分接近。状态依存信息粘性模型中家庭和厂商更大的信息粘性使冲击的影响更加持久,因此在第11期之后状态依存信息粘性模型的通货膨胀和产出缺口开始反超固定信息粘性模型,在后续,两种模型中冲击的影响将依次消退,其中固定信息粘性模型中冲击的影响将消退得更早。

8.4 本章小结

货币政策传导由中介目标至最终目标的跨越,需要经济主体依据政策信号和市场信号变化形成新的预期并调整其自身行为,因此预期在货币政策有效性中发挥着核心作用,而粘性信息作为经济主体预期形成机制的重要特征,在其中具有重要影响。在第4章分析预期对经济动态的影响和第6章分析中国经济预期特征的基础上,本章关注了粘性信息对中国货币政策有效性的影响。

鉴于对中国经济预期的分析发现其具有显著的状态依存性,本章在本书4.1.2节的固定信息粘性模型基础上扩展构建了一个状态依存粘性信息模型,该模型中经济主体的信息粘性取决于更新信息的成本和收益之间的权衡。由于更新信息的成本在不同时期随宏观经济状态变化而改变，因此信息粘性表现出状态依存性和时变性。对该模型的数值模拟结果显示，该模型下经济的价格和产出对于货币政策冲击的响应动态总体与固定信息粘性模型表现出相同的趋势和含义，即正向的数量型货币政策可以永久扩大经济的价格水平，并且由于信息粘性在经济中发挥了摩擦的作用，使货币政策可以对实际变量产生影响，在短期内扩大经济的产出，在货币政策冲击后经济的通货膨胀和产出表现出驼峰形动态。但是在具体数值和动态上两种模型表现出显著差异，其原因是信息粘性因状态依存性而具有的在不同时期的可变性。在冲击发生后状态依存信息粘性模型中的家庭和厂商信息粘性与固定信息粘性模型中的信息粘性发生偏离，家庭和厂商更新信息的成本随着消费水平和实际工资的增长而提高，并由此导致信息粘性的提高，信息粘性在不同时期的变动使经济的通货膨胀和产出缺口动态更为复杂，但趋势依然与此前的分析一致。这一研究过程同时强调了经济主体预期及其形成过程在宏观经济中的重要性，在宏观理论模型中细化经济主体的预期形成机制，能够使模型产生更复杂经济动态，从而有利于使理论分析更完善。

第 9 章 粘性信息与货币政策有效性：实证检验

第 8 章以具有状态依存信息粘性的动态随机一般均衡模型在理论层面考察了粘性信息对中国货币政策有效性的影响，结果表明经济主体预期形成过程中的信息粘性对货币政策有效性产生重要影响，并且不同的信息粘性水平对货币政策的名义效应和实际效应具有不同影响。虽然这一基于理论模型的研究发现具有丰富的可外推性，但建模过程中涉及的假设前提也限制了理论结果的稳健性，因此对该问题的全面探讨还需结合基于现实数据的实证检验。

为进一步验证理论模型的效果及其结论是否与中国现实相符，并为粘性信息对中国货币政策有效性的影响及其特征提供实证证据，本章将在第 8 章的理论研究基础上，结合基于中国特色货币政策规则识别的外生货币政策冲击，以及第 6 章测度的时间序列的中国宏观经济预期的信息粘性，采用局部投影法研究粘性信息对中国货币政策的交互效应，验证理论模型结果并总结粘性信息对中国货币政策有效性的系统性影响。

9.1 实证模型设定

对政策宏观效应的简化式研究通常基于对目标变量脉冲响应函数的评估，本节采取 Jorda（2005）提出的局部投影法（Local Projection）估计中国经济对货币政策冲击的动态脉冲响应，并考察信息粘性在此动态效应中的作用。基准回归模型设置如下：

$$y_{t+h} = \beta_0^h + \beta_1^h x_t + \beta_2^h Z_t + \varepsilon_{t+h} \quad (h=0,1,2,\cdots) \tag{9.1}$$

式中，y_{t+h} 为 $t+h$ 时期受货币政策影响的宏观经济变量，在此分别为产出和价格的对数；核心解释变量 x_t 为所识别的 t 时期外生货币政策冲击；Z_t 为控制变量，包括滞后一期的对数产出和对数价格。在此设定下，系数 $\beta_{1,h}$ 衡量了货币政策冲击在 h 时期后对目标变量产生的影响，即 $t+h$ 时期的货币政策效应。对于从当期（$h=0$）至任意长步数的每一个 h 都需要估计一次式（9.1），得到关于 $\beta_{1,h}$ 的一系列参数估计就反映了宏观经济变量对货币政策冲击的动态脉冲响应。

进一步在式（9.1）基础上引入信息粘性和货币政策冲击的交互项，从而评估信息粘性对货币政策效应的影响：

$$y_{t+h} = \beta_0^h + \beta_1^h x_t + \beta_2^h x_t * I_t + \beta_3^h I_t + \beta_3^h Z_t + \varepsilon_{t+h} \quad (h = 0, 1, 2, \cdots) \quad (9.2)$$

在此使用 6.2.2 节测度的中国经济信息粘性，以时间序列的形式进入实证分析，其中 I_t 为 t 时期中国经济的信息粘性。对于从当期（0 期）至任意长步数中每一个 h 取值都估计一次式（9.2），此时宏观经济变量对货币政策的总动态脉冲响应取决于信息粘性（I_t），具体为（$\beta_1^h + \beta_2^h * I_t$）。其中，参数 β_2^h 反映了信息粘性与货币政策冲击的交互效应。分别以样本范围内信息粘性 I_t 的 25% 和 75% 分位数作为低信息粘性水平和高信息粘性水平的代表，代入（$\beta_1^h + \beta_2^h * I_t$）计算低信息粘性和高信息粘性下货币政策冲击的动态脉冲响应，以此评估信息粘性对中国货币政策效应的影响。

相比于另一种评估政策影响的常用方法——向量自回归方法（Vector Autoregression），在本研究中采用局部投影法有四点优势：第一，局部投影法是通过将宏观经济变量对其滞后项及数期前的政策冲击进行最小二乘法回归来估计宏观经济变量对冲击的动态脉冲响应，这种形式允许不同期限长度冲击的影响有所差异，也能够捕捉冲击对经济变量的时变性影响。相比起来，向量自回归方法通过一次回归估计出变量的脉冲响应矩阵，而后依据脉冲响应矩阵的不同次幂迭代估计不同期限的动态脉冲响应，向量自回归的这种估计方法的隐含假设是冲击不具有时变性，如此过于偏离现实的假设影响了对冲击效应的准确评估。第二，仅通过向量自回归式子本身不足以识别所需要的变量关系，对系数的识别还需要依赖于人为施加的假设作为补充条件，如常用的乔莱斯基（Cholesky）分解法就假设了不同变量是否存在同期影响，这些人为施加的假设影响了估计的准确性。局部投影法则依赖于简单的最小二乘法回归，避免了施加过多假设，提高了估计的稳健性。第三，局部投影法中政策冲击的形式更加灵活，可以使用以更贴近中国货币政策运行规则的方法识别出外生货币政策冲击。第四，研究需要通过引入信息粘性与货币政策冲击的交互项来考察信息粘性对货币政策有效性的影响，在向量自回归模型中考虑信息粘性的交互效应需要对信息粘性的外生性施加强假设。相比起来，局部投影方法通过对每一期限长度的交互项单独回归，无须对信息粘性的动态演变做任何假设就可以充分体现交互项的状态依存性。

9.2 数据选择与变量说明

本节实证分析所使用的数据样本为 2000 ~ 2019 年的季度数据。被解释变量分别选取实际国内生产总值代表对数产出，选取国内生产总值平减指数代表对数价格。相比于成分权重调整相对较慢的消费者价格指数，国内生产总值平减指数可以更全面和更灵活地反映经济的对数价格。控制变量参考 Alpanda 和 Zubairy (2019) 的研究，选取滞后一期的实际国内生产总值和国内生产总值平减指数的对数作为控制变量，这也是局部投影法相关文献的通常做法。交互项变量选取对信息粘性的时间序列测度，具体使用第 6.2.2 节依据共识经济学数据库测算的中国经济信息粘性水平。

值得特别说明的是对中国货币政策冲击的识别方法。广义货币供应量（M2）增长率不能直接作为货币政策冲击的度量，因其具有内生性，不能单独衡量外生货币政策冲击。对中国货币政策冲击的识别方法参考 Chen 等（2018）的研究，依据中国货币政策规则提取外生 M2 环比增长率作为货币政策冲击。该方法关注到了中国货币政策运行规则的特点，相比于泰勒规则，一个更符合中国货币政策规则的计量方程为：

$$g_{m,t} = \beta_0 + \beta_m g_{m,t-1} + \beta_\pi (\pi_{t-1} - \pi_{t-1}^*) + \beta_y (g_{y,t-1} - g_{y,t-1}^*) + \varepsilon_t \tag{9.3}$$

$$\beta_{y,t} = \begin{cases} \beta_{y,a}, & g_{y,t-1} - g^* < 0 \\ \beta_{y,b}, & g_{y,t-1} - g^* \geq 0 \end{cases} \tag{9.4}$$

式中，$g_{m,t}$ 代表 t 期的广义货币供应量环比增长率；π_{t-1}^* 和 $g_{y,t-1}^*$ 分别代表 $t-1$ 期目标通货膨胀率和目标国内生产总值增长率（经济增长目标）。在每年年初国务院发布的政府工作报告会提出中国新一年的经济增长目标，中国政府工作报告和中国人民银行的货币政策执行报告中还会讨论当前的通货膨胀目标。

式（9.3）的形式与以利率为政策工具的泰勒规则相似，但式（9.4）赋予了其不同的内涵。以利率为政策工具的泰勒规则强调了货币政策的逆周期调节作用，货币政策对通货膨胀缺口和产出缺口的反应系数均为正，意味着在价格和产出超过稳态水平时调高利率，以紧缩性的货币政策遏制价格和产出对稳态的正向偏离，而在价格和产出低于稳态水平时降低利率，以扩张性的货币政策遏制价格和产出对稳态的负向偏离。例如，Chen 等（2018）指出，中国作为一个快速发展的新兴经济体，货币政策具有适应本国发展需要的规则。

具体来说，式（9.4）意味着当产出超过稳态产出时，数量型货币政策对产出的反应系数为正，而当产出低于稳态产出时，数量型货币政策对产出的反应系数为负。这意味着无论中国的产出超过稳态产出还是低于稳态产出，中国的货币政策都不会刻意遏制产出的增长，这体现了中国货币政策支持经济增长和社会发展的特点。在式（9.3）的设定中，在排除掉对经济增长和通货膨胀的反应后，ε_t 为外生的 M2 环比增长率，可以作为每一季度的货币政策冲击 x_t。

经济增长目标可以在每年的国务院的政府工作报告中获得。中国的通货膨胀目标并不总是在每一年中都明确提出，由于中国在 2000 年以来的通货膨胀目标相对平稳，普遍在 3%~4%，因此考虑一个平均值，将同比增长 3.5% 作为每年的通货膨胀目标。通货膨胀率和经济增长率数据来自国家统计局。

表9.1展示了依据式（9.3）和式（9.4）对中国货币政策规则估计的结果，所有估计值均在1%显著度下显著。系数$\beta_m = 0.51$，表示 M2 环比增长率存在显著一阶自相关性；系数$\beta_\pi = -0.47$，表示若已实现的通货膨胀超过目标值，则中国央行会相应采取紧缩的货币政策，减少货币供应以降低通货膨胀。关于政策对经济增长的反应，$\beta_{y,a} = -1.44$ 为国内生产总值增长率小于目标值时的系数，这表示若经济增长速度低于目标，中国央行会扩大货币供应以促进经济增长，即中国央行以宽松的货币政策应对负向的产出缺口，这一点与泰勒规则相同；$\beta_{y,b} = 0.24$ 为国内生产总值增长率大于目标值时的系数，在泰勒规则中央行会以紧缩的货币政策应对正向的产出缺口。与泰勒规则不同的是，$\beta_{y,b}>0$ 表示若经济增长速度高于目标，中国央行依然会扩大货币供应以促进经济增长，这表明了中国作为一个发展中国家要使货币政策发挥促进经济增长作用的事实。

表9.1　货币政策规则估计结果

系数	估计值	标准误差
β_m	0.51***	0.08
β_π	−0.47***	0.14
$\beta_{y,a}$	−1.44***	0.41
$\beta_{y,b}$	0.24***	0.39

***表示在1%显著度下显著

图9.1的上图展示了样本期内依据式（9.3）估算的内生 M2 增长率和根据统计数据计算的现实 M2 增长率，二者的差值即为外生货币政策冲击，图9.1的下图进一步直观展示了所识别的样本期内的货币政策冲击。首先，现实 M2 增长率数值的提高并不一定对应着货币政策的宽松，现实 M2 增长率数值的减少也并不一定对应着货币政策的紧缩，货币政策的宽松和紧缩应根据 M2 增长率的变化是依据规则的内生变化还是由于外生冲击导致来判断。图像显示，在 2003 年之前，中国现实 M2 增长率和内生 M2 增长率差异不大；在 2003 年，现实 M2 增长率大于内生 M2 增长率，这在很大程度上是由于为应对非典型肺炎疫情影响而采取的宽松货币政策；在 2004～2007 年，现实 M2 增长率和内生 M2 增长率同样差别较小；在 2007～2009 年，现实 M2 增长率又一次明显大于内生 M2 增长率，其背景是为应对 2008 年全球金融危机对经济的不利影响，中国人民银行在该时期采取宽松的货币政策，提供了超量的货币供给；在 2015～2020 年间，现实 M2 增长率低于内生 M2 增长率，这意味着中国人民银行在该时期外生锁紧了货币供给，其背景是在全球紧缩政策周期下，中国也实施了稳健的货币政策。

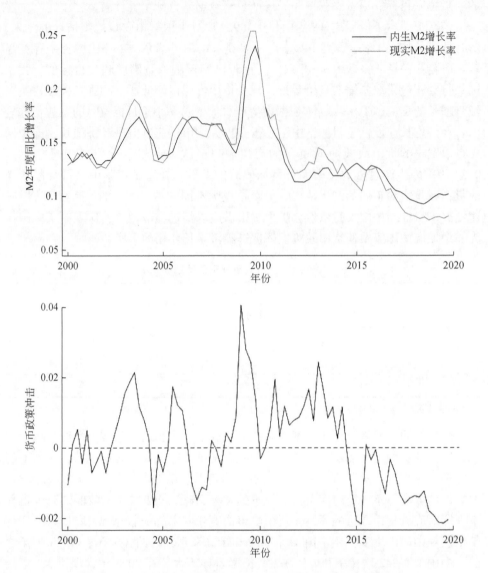

图 9.1　内生 M2 增长率和现实 M2 增长率，中国的货币政策冲击

注：上图展示了依据式（9.3）估算的样本期内中国内生 M2 增长率（实线）和根据统计数据计算的中国现实 M2 增长率（虚线）；下图展示了所识别的样本期内中国货币政策冲击，以现实 M2 同比增长率和内生 M2 同比增长率的差值表示，在 0 值上下区间分别代表了货币政策的宽松和紧缩

9.3 经验证据

9.3.1 基准结果

图 9.2 汇报了扩张性货币政策对宏观经济的动态影响，具体展示了外生 M2 同比增长率每提高 1%，实际国内生产总值和国内生产总值平减指数的脉冲响应函数。图中横坐标表示响应对应的步数，以季度为单位。实线表示估计值，虚线表示 68% 的置信区间。可以看到，国内生产总值和国内生产总值平减指数的响应模式与标准教科书一致：在扩张性的货币政策冲击下，对数产出（对数实际国内生产总值）逐渐响应增加，在第 9 季度货币政策对产出的影响达到最大，此时对数产出相比于第 0 期外生增长了 0.83%。相近规模的影响保持到第 19 季度，之后影响迅速减弱直至第 25 季度时接近于 0，这表示货币政策的影响在经历 25 个季度后基本消失，经济回归稳态。

对数价格（国内生产总值平减指数）迅速响应并增加，同样在第 9 季度货币政策对价格的提高达到最大，此时价格相比于第 0 期外生提高了 0.70%。之后扩张性货币政策对价格的提高效应不断滑落，至第 14 季度时影响接近于 0。从总体上看，基准结果表明，中国的数量型货币政策具有显著效果，且具体的动态影响与新凯恩斯宏观经济理论一致，一个扩张性的货币政策冲击将导致产出和价格不断增加，在达到一个高点后影响不断减小直至消失。

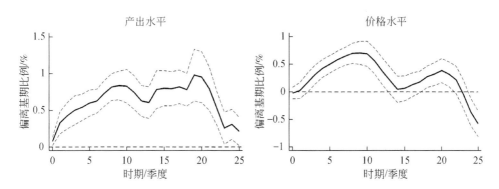

图 9.2 中国货币政策基准动态效应
注：实线表示估计值，虚线表示 68% 置信区间。纵坐标表示变量变动比例，
横坐标表示冲击发生后的时期

9.3.2 信息粘性的影响

图 9.3 展示了考虑信息粘性的交互影响下中国货币政策的动态效应。首先，图像表明在考虑信息粘性交互项的情况下，货币政策的总效应的动态与基准结果一致：一个扩张性的货币政策冲击导致产出和价格增加，而后影响减弱。聚焦到信息粘性的影响，结果表明，相比于低信息粘性，在高信息粘性下，货币政策冲击对产出的影响更大，对价格的影响更小。在两种信息粘性水平下，扩张的货币政策都会导致产出增加，但是产出的动态表现出明显差异，高信息粘性下产出总是增长的更多，在第 20 季度这种差异达到最大，产出在高信息粘性时比低信息粘性时多扩张 0.85%，在第 25 季度时，扩张性的货币政策对低信息粘性经济的产出的影响已经基本消退，而对高信息粘性经济的产出的影响仍在持续。在两种

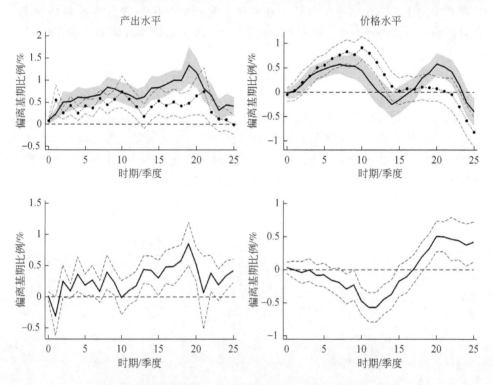

图 9.3 信息粘性交互影响下中国货币政策的动态效应

注：图的第一行展示了信息粘性交互影响下的中国货币政策动态效应，实线代表高信息粘性，圆形点线代表低信息粘性，阴影和虚线分别表示二者的 68% 置信区间，分别以所量化的中国经济信息粘性的 75% 和 25% 分位数代表高和低信息粘性；图的第二行展示了高信息粘性和低信息粘性下货币政策效应的差值，实线表示估计值，虚线表示 68% 置信区间。纵坐标表示变量变动比例，横坐标表示冲击发生后的时期

信息粘性水平下，扩张的货币政策都会导致价格增加，但是高信息粘性下价格总是增加得更少，在第 13 季度这种差异达到最大，价格在高信息粘性时比低信息粘性时少增加 0.57%。图 9.3 的第二行通过展示两种状态下货币政策效应的差值来更清晰地显示了这一特点。

基于局部投影法得出的实证结果与第 4 章的固定信息粘性模型和第 8 章的状态依存粘性信息模型的结论一致：随着信息粘性的增大，货币政策调控价格的有效性降低，货币政策调控产出的有效性增大。信息粘性影响了总供给曲线的弹性，当经济不具有信息粘性时，总供给曲线垂直，货币政策的扩张只能带来价格的改变而不会对产出有任何影响；当经济具有完全的信息刚性时，总供给曲线水平，货币政策的扩张只能带来产出的改变而不会对价格有任何影响。而存在信息粘性时，情况介于这两者之间，信息粘性越大总供给曲线就越水平，从而货币政策对价格的影响更小而对产出的影响更大。

9.3.3 稳健性检验

本节接下来的部分通过改变信息粘性的测度方法来检验实证结果的稳健性，具体考虑两种替代指标。基准结果使用的预期调查数据除要求受访者提供宏观经济变量当年的年度增长率预测外，还要求其提供对宏观经济变量下一年年度增长率的预测，因此考虑这种预测的信息粘性作为第一种替代指标。另外，借鉴 Dovern 等（2012）的方法，构造一个对当年和下一年预期的信息粘性的加权平均数来综合考虑这两种预期的信息粘性，作为第二种替代指标：

$$I_{t,12} = \frac{k}{12} I_{t,k} + \frac{12-k}{12} I_{t,k+12} \tag{9.5}$$

式中，k 为调查时的月份与 12 月的间隔。该指数将当年预期的信息粘性和下一年预期的信息粘性综合为一个对 12 个月后预期的信息粘性。例如，在 2007 年 10 月对 12 个月后的增长率预期的信息粘性 $I_{2007m10,12}$ 被近似为对当年增长率和下一年增长率预期的信息粘性的加权平均数 $\frac{2}{12} I_{2007m10,2} + \frac{12-2}{12} I_{2007m10,12+2}$，该指数综合考虑了经济主体对当年和下一年两种经济变量预期的信息粘性，可以作为信息粘性的替代测度方式以检验实证策略的稳健性。

图 9.4 展示了根据三种预期测度的信息粘性的动态变化情况，其中实线为根据当年预期测度的信息粘性，即为上文中主要使用的测度；虚线为使用同样方法，根据对下一年的预期测度的信息粘性；点线为根据式（9.5）测度的综合预期的信息粘性。从图像中可以看出，三种方式测度的信息粘性的动态基本一致，并且在面临经济衰退或是意料外的大型经济冲击时均表现出信息粘性的显著下

降，这表明了信息粘性测度方法的稳健性。

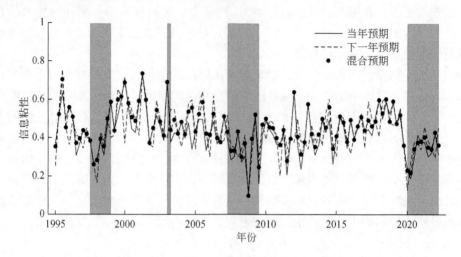

图 9.4　基于不同预期数据结构的信息粘性

注：实线为经济主体对当年经济变量预期的信息粘性，虚线为经济主体对下一年经济变量预期的信息粘性，点线为依据式（9.5）测度的经济主体综合预期的信息粘性。阴影标注了经济衰退或大型经济冲击，从左至右表示的事件依次为 1997 年亚洲金融危机（1997 年第三季度～1999 年第一季度）、2003 年非典肺炎疫情（2003 年第一季度～2003 年第二季度）、2008 年全球金融危机（2007 年第二季度～2009 年第三季度）、2020 年新冠疫情（2020 年第一季度～2022 年第二季度）

　　基于下一年经济预期测算出的信息粘性指标，图 9.5 展示了信息粘性对货币政策效应的影响。在外生 M2 同比增长率扩大 1% 后，经济的产出和价格逐渐增加，在达到高点后影响逐渐消退。高信息粘性下扩张性的货币政策对产出增长的影响更大，在第 20 个季度时这个差异达到最大，经济产出在高信息粘性下的增长高出 1.00%。高信息粘性下扩张性的货币政策对价格增加的影响更小，在第 15 个季度时这个差异达到最大，经济的对数价格在高信息粘性下的增长要低 0.56%。

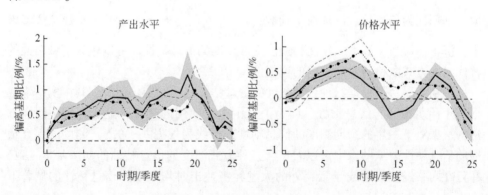

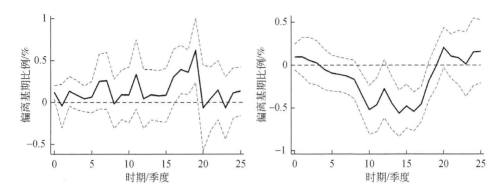

图 9.5　第一种信息粘性替代指标交互影响下中国货币政策的动态效应

注：图的第一行展示了信息粘性交互影响下的中国货币政策动态效应，实线代表高信息粘性，圆形点线代表低信息粘性，阴影和虚线分别表示二者的 68% 置信区间，分别以所量化的中国经济信息粘性的 75% 和 25% 分位数代表高和低信息粘性；图的第二行展示了高信息粘性和低信息粘性下货币政策效应的差值，实线表示估计值，虚线表示 68% 置信区间。纵坐标表示变量变动比例，横坐标表示冲击发生后的时期

　　基于当年和下一年经济预期测算出的信息粘性指标，图 9.6 展示信息粘性对货币政策效应的影响。经济的动态脉冲响应与上文的各回归结果基本一致。扩张性的货币政策带来产出和价格的提高，同样的，高信息粘性下扩张性的货币政策对产出增长的影响更大，在第 20 个季度时这个差异达到最大，经济产出在高信息粘性下的增长高出 1.25%。高信息粘性下扩张性的货币或者对价格增加的影响更小，在第 15 个季度时这个差异达到最大，经济的对数价格在高信息粘性下的增长要低 0.71%。总体而言，使用两种对信息粘性的替代测度，所得到的动态脉冲响应均与主结果基本一致，呈现的结论相同，这验证了实证结果的稳健性。

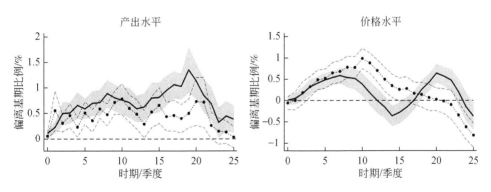

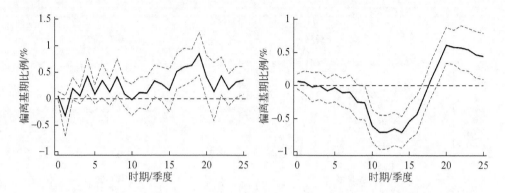

图 9.6　第二种信息粘性替代指标交互影响下中国货币政策的动态效应

注：图的第一行展示了信息粘性交互影响下的中国货币政策动态效应，实线代表高信息粘性，圆形点线代表低信息粘性，阴影和虚线分别表示二者的68%置信区间，分别以所量化的中国经济信息粘性的75%和25%分位数代表高和低信息粘性；图的第二行展示了高信息粘性和低信息粘性下货币政策效应的差值，实线表示估计值，虚线表示68%置信区间。纵坐标表示变量变动比例，横坐标表示冲击发生后的时期

9.4　本章小结

本章在第8章理论分析的基础上，在实证层面研究粘性信息对中国货币政策有效性的影响。本章使用第6章测度的时间序列的中国经济的信息粘性和依据中国货币政策规则识别的外生货币政策冲击，以局部投影法对此进行实证检验。实证结果表明信息粘性与中国货币政策的有效性息息相关，信息粘性是影响中国货币政策有效性的一个重要因素，并且由于信息粘性具有状态依存性，信息粘性在不同时期的差异有助于解释货币政策效应在不同时期的变化。在经济运行良好时期，信息粘性的上升将导致货币政策对实际变量的影响被放大，一个小的货币政策冲击可能在此时导致大的产出波动，这有助于解释中国坚持稳健的货币政策的必要性；而另一方面，信息粘性的下降也因此可以成为经济衰退时期货币政策有效性降低的一个原因。

基于以上结果，央行在制定和实施货币政策时也可以充分考虑信息粘性的影响，根据不同的货币政策目标对经济的信息粘性采取不同方向的措施，如果希望货币政策发挥扩大总需求和总产出等逆周期调节作用，一个更具有信息粘性的经济环境是有利的，央行也应该确保自己的货币政策"超预期"以对实际变量产生更大的影响，但是更高的信息粘性同时意味着经济将会承受更大的波动，即在冲击后将与稳态发生更大的偏离，以及更慢地回归稳态。因此，如果以维持经济平稳运行和减少经济波动作为货币政策目标，那么央行应该通过加强信息沟通等方式，使经济的信息粘性尽可能地降低，这样将减少冲击下经济对稳态的偏离，也有利于价格等变量的迅速调整从而使经济更快地回归稳态。

本章的内容还与发展和完善中国的预期管理机制相关。新发展阶段下，中国货币政策调控面临着多重政策目标，根据丁伯根法则，政策数量应大于等于政策目标，因此，发展央行预期管理成为新的货币政策工具，将能有效帮助应对宏观调控多重目标的难题，帮助缓解货币政策有效性下降的问题。预期管理的一个难点在于经济主体的预期是一个主观且抽象的概念，难以直接量化和调控，对此，本章的结果表明信息粘性可以成为预期管理的一个重要的中介目标。中介目标需要具备相关性、可测性和可操作性。在相关性方面，信息粘性直接体现在经济主体的预期形成过程中，并且本章的研究成果已从理论和实证角度表明信息粘性对中国货币政策效应存在系统性的深远影响，随着信息粘性的提高，货币政策将对实际变量产生更大影响；在可测性方面，对信息粘性的量化相对直观，第 6 章展示了一种通过经济主体预测更新频率量化信息粘性序列的方式；在可操作性方面，央行可以通过信息沟通渠道直接影响厂商和家庭等经济主体的信息粘性。因此，信息粘性兼具相关性、可测性和可操作性，可成为预期管理的一个良好的中介目标。

第 10 章 | 预期管理与宏观调控

本书的第 4 章、第 8 章和第 9 章讨论了经济主体预期对宏观经济运行及政策效应的影响，这能够带来两点启示：第一，预期在宏观经济中发挥着核心作用。经济主体依据自身的预期做出行为决策，这些决策的加总就是宏观经济运行，因此预期的改变将能够直接改变经济主体决策并导致宏观经济的调整和波动。第二，预期对政策效应具有决定性影响。政策通过影响经济主体行为来发挥作用，而经济主体的行为决策取决于其预期，因此，在其他条件不变的情况下，预期就能够放大或减弱一个政策的效应。

这两点启示共同指向了预期管理的概念，通过管理经济主体的预期，一方面可以直接调控宏观经济运行，另一方面也可以放大传统宏观经济政策效果。传统宏观经济政策面临着有限政策空间和巨大的政策成本，而以信息渠道和沟通交流为主的预期管理则较少受此限制。随着时代演进和经济发展，在全球多个主要经济体相继面临货币政策零利率下限问题后，预期管理已成为越来越重要的宏观经济调控手段，是未来宏观经济调控的重点发展方向。本章将在详细梳理全球预期管理理论和实践发展脉络的基础上，讨论中国的预期管理机制和发展。

10.1 预期管理的国际实践

预期管理是指政府、央行及其他履行宏观调控职能的机构通过管理和引导公众对经济的预期，来影响其行为决策，从而直接调控宏观经济运行或是放大其他宏观经济政策效果，最终实现价格稳定和经济增长等宏观经济调控目标。预期管理的概念起源于人们对经济主体预期及其经济作用的认识，并伴随着经济学对经济主体预期形成机制和预期的经济影响的深入认识而不断发展。

10.1.1 预期管理的理论基础

经济学较早地便认识到经济主体预期在经济中的重要作用，但是早期对经济主体预期零散的而非系统性的认识，使得预期管理概念并没有在同一时期得到发展。凯恩斯认为作为经济主体心理因素的预期是导致宏观经济波动的重要原因，这一概念也构成了其宏观经济理论的重要基础。他将人们对未来的预期作为流动性偏好理论的重要依据，同时还指出企业对未来资本边际效率的预期影响了其投资行为。在经济衰退前夕，一方面，企业因预期未来资本边际效率下降而减少投资；另一方面，人们因对未来预期的不明朗而加强了流动性偏好，这些因素的叠加共同导致了有效需求不足和经济衰退，因此在此基础上他强调政府应该以宏观调控措施来对抗这种因"动物精神"而导致的经济波动，但是他并没有进一步阐述政府针对经济主体预期应该采取何种措施。

在凯恩斯的思想和理论基础上发展起来的凯恩斯主义宏观经济学形成了以菲利普斯曲线为代表的政策"菜单"，它将名义变量与实际变量联系起来，认为政府可以据此实现通货膨胀和失业率之间的权衡。早期的菲利普斯曲线省略了预期因素（Samuelson and Solow，1960），虽表现出了一定的政策效力，但是无法解释通货膨胀和失业率双高的滞涨现象。对此，Phelps 和 Friedman 将适应性预期因素纳入菲利普斯曲线，指出菲利普斯曲线所描述的通货膨胀和失业率的反向关系在短期内因经济主体预期与现实的偏差而存在，在长期内因经济主体预期与现实一致而失效。虽然 Phelps 和 Friedman 的研究开创性地强调了经济主体预期及其形成机制对于宏观经济和政策效果的影响，但在其采取的适应性预期中，经济主体是依据过去的经济状态形成对当前的预期，这种机械的后顾式预期形成机制无法充分体现出政策、经济与预期的相互作用，因此不足以支撑起系统的预期管理概念。

以 Lucas、Sargent 和 Wallace 为代表的理性预期学派为预期管理带来了里程碑式的发展。他们认为经济主体的预期形成机制应该遵循 Muth 提出的理性预期理论，即经济主体能够利用当前所有可用的信息，并基于正确的经济理论和模型，形成对未来经济情况的合理预期，而不仅是对当前一期的预期。理性预期首次指出了经济主体预期的前瞻性，这为预期的经济影响带来了深刻的变革。

理性预期学派强调了微观基础对于宏观经济的重要性，微观经济主体具有动态调整的前瞻性预期意味着由其加总形成的宏观经济关系也应该是动态调整而非一成不变的，因此其不能由此前的固定参数的简化模型表示，而应该根据微观经济主体预期的最优化行为来推导。预期对宏观经济的影响也不仅体现在附加预期的菲利普斯曲线中，而是体现在所有宏观经济关系中。这一分析过程同样表明了预期在经济中的核心作用。理性预期的前瞻性意味着经济主体会预测潜在政策并相应调整其对经济的预期，而经济主体预期的调整又带来了宏观经济运行的改变，从而影响政策效果。因此，理性预期学派指出经济主体的预期对宏观经济政策效应具有决定性影响，宏观经济政策必须考虑其与预期的相互作用，在理性预期下任何被预料到的政策都是失效的。这一观点揭示了预期在宏观经济调控中的核心地位，也成为了预期管理理论的重要基础。

具有前瞻性的理性预期还衍生出了政策的动态不一致性问题（Kydland and Prescott，1977），这再次强调了预期管理的重要性。Kydland 和 Prescott（1977）指出，基于最优控制理论制定的政策并不适用于经济主体具有理性预期的情况。宏观经济调控不是与客观的自然博弈，而是与具有前瞻性的经济主体博弈。宏观经济系统的动态不仅取决于其当前状态和政策选择，还取决于经济主体动态变化的前瞻性预期。在这种情况下，政府在每个时期制定的最优政策都将因经济主体预期的改变而发生政策效应的变化。因此，如果政府在每个时期都以相机抉择的方式制定最优政策，其最终取得的政策效果并非是最优的，并且还将导致宏观经济的不稳定。为了避免这一情况，宏观经济调控政策不应相机抉择，而应采取经济主体信赖的固定规则，这为政策承诺这一重要的预期管理方式提供了理论基础。

10.1.2　历史案例：通货膨胀预期锚定

Barro 和 Gordon（1983）进一步明确了动态不一致性的货币政策含义，强调制定通货膨胀目标的作用。他们指出，虽然经济主体的理性预期使预期中的货币政策都失去实际效果，但通货膨胀在帮助政府减轻债务时，不会像税收一样导致市场扭曲。通货膨胀可以被视为政府的一种融资方式，因此，尽管通货膨胀会给经济带来损害，但也能为政府带来收益。即使政府已经做出了关于通货膨胀的政策承诺，其依然存在违约并通过创造通货膨胀冲击来改善财政状况的动机。理性的经济主体清楚政府的这一动机，并会相应调整决策。因此，在均衡状态下，通货膨胀率和通货膨胀成本将高于最优水平，而做出更高的未来通货膨胀率承诺可以帮助缓解这一问题。尽管最终的通货膨胀成本大于不存在违约的理想情况，但依然小于相机决策的政策制定方式。因此，政府应该制定通货膨胀目标，从而使经济主体产生通货膨胀锚定。

具体来说，根据 Barro 和 Gordon（1983）的研究，通货膨胀成本 z_t 可以表示为

$$z_t = \frac{a}{2}(\pi_t)^2 - b(\pi_t - \pi_t^e) \quad a, b > 0 \tag{10.1}$$

式中，π_t 为真实通货膨胀率；π_t^e 为预期通货膨胀率；$(a/2)(\pi_t)^2$ 反映了通货膨胀给经济带来的损失；$-b(\pi_t - \pi_t^e)$ 反映了政府通过创造意外通货膨胀冲击而得到的收益。

相机抉择的政策根据最优控制理论制定，将预期通货膨胀率 π_t^e 视为外生，在每个时期选择要实现的通货膨胀率使得未来无穷期的通货膨胀成本贴现值最小

化，因此根据式（10.1），相机抉择的货币政策在每个时期选择的最优通货膨胀率可以表示为

$$\widehat{\pi_t} = \frac{b}{a} \qquad (10.2)$$

具有理性预期的经济主体同样清楚上述相机抉择货币政策的制定过程，因此每个时期经济主体对于通货膨胀的理性预期等于政府选择的最优通货膨胀率：

$$\pi_t^e = \frac{b}{a} \qquad (10.3)$$

根据以上三个等式，可以计算相机抉择的货币政策的通货膨胀成本为

$$\widehat{z_t} = \frac{b^2}{2a} \qquad (10.4)$$

货币政策制定者也可以通过政策承诺的方式约定在未来一段时期内使经济的通货膨胀率稳定在某个确定的水平，即令货币政策遵从固定规则。由于经济主体具有理性预期，当经济主体相信这一承诺时，其会将通货膨胀预期 π_t^e 锚定为政策承诺的真实通货膨胀率 π_t。这意味着，不同于相机抉择的政策制定方式将经济主体的通货膨胀预期视为外生，在固定规则的货币政策制定方式下，政策制定者将经济主体的通货膨胀预期视为内生，在做出政策承诺时所选择的真实通货膨胀率 π_t 就对应着相同的通货膨胀预期 π_t^e，即始终存在 $\pi_t - \pi_t^e = 0$。根据式（10.1），该情况下不存在意外的通货膨胀冲击，因此通货膨胀能够带来的收益为 0，通货膨胀成本仅由通货膨胀的经济损失 $\frac{a}{2}(\pi_t)^2$ 决定。显然，最优政策承诺为政策制定者将通货膨胀目标设置为 0，此时经济的通货膨胀成本也始终为 0，小于式（10.4）所示的相机抉择的政策成本 $\widehat{z_t}$，这说明遵循固定规则的货币政策要优于相机抉择的货币政策。

由以上分析过程可以看出，造成这种差异的原因就在于后者将经济主体的预期视为外生，而前者将经济主体的预期视为内生。这凸显了预期管理的作用，表明在制定宏观经济政策时应充分考虑政策与预期的相互影响，也为在实践中广泛应用遵循规则的货币政策和政策承诺奠定了理论基础。

预期管理的重要性还体现在推动经济主体信任政府的政策承诺和货币政策规则上。上述分析表明，实现零通货膨胀政策承诺的前提是经济主体形成对政策制定者能够遵守其政策承诺的一致预期。然而事实上，由于意外的通货膨胀能够为政府带来收益，政府能够从违背其对通货膨胀率不变的承诺中获利，理性的经济主体也清楚这一点，因此并非任何通货膨胀承诺都能够被经济主体所信赖。在理论分析中，Barro 和 Gordon（1983）指出，政策制定者违背政策承诺，意味着其在已知经济主体通货膨胀预期等于政策承诺通货膨胀的情况下（$\pi_t^e = \pi$），选择

真实通货膨胀率 π_t 使式（10.1）表示的通货膨胀成本最小，因此其选择的真实通货膨胀率等于式（10.1）表示的相机抉择货币政策所选择的最优通货膨胀率 $\hat{\pi}_t$，此时通货膨胀成本为

$$\tilde{z}_t = -\frac{b^2}{2a} + b\pi \tag{10.5}$$

与遵守零通货膨胀承诺时通货膨胀成本的推导过程相似，遵守通货膨胀为 π 的政策承诺时的通货膨胀成本为

$$z_t^* = \frac{a\pi^2}{2} \tag{10.6}$$

违背政策承诺的收益为遵守政策承诺情况下的通货膨胀成本和违约情况下通货膨胀成本的差值：

$$Benefit = z_t^* - \tilde{z}_t = \frac{a}{2}\left(\frac{b}{a} - \pi\right)^2 \tag{10.7}$$

假设经济主体对政策承诺的信赖遵守如下规律：

$$\begin{cases} \pi_t^e = \pi_t^*, \pi_{t-1} = \pi_{t-1}^e \\ \pi_t^e = \hat{\pi}_t, \pi_{t-1} \neq \pi_{t-1}^e \end{cases} \tag{10.8}$$

式（10.8）意味着，如果上一期真实的通货膨胀率和经济主体的通货膨胀预期一致，则当期经济主体的通货膨胀预期与政策承诺一致，反之，若在上一期违背政策承诺，则当期经济主体的通货膨胀预期将与相机抉择货币政策下的最优通货膨胀率一致。因此，违背政策承诺的成本在违约的下一期体现，它是下一期相机抉择货币政策下的通货膨胀成本 $\left(\hat{z}_{t+1} = \frac{b^2}{2a}\right)$ 和遵守政策承诺下的通货膨胀成本 $\left(z_{t+1}^* = \frac{a\pi^2}{2}\right)$ 的差值在本期的贴现值：

$$Cost = q(\hat{z}_{t+1} - z_{t+1}^*) = q\frac{a}{2}\left(\frac{b^2}{a^2} - \pi^2\right) \tag{10.9}$$

式中，q 为贴现率。由于政策制定者是理性的，因此如果式（10.7）所示的违约收益大于式（10.9）所示的违约成本，则政策制定者会选择违背政策承诺，具有理性预期的经济主体也清楚这一点，所以这种情况下经济主体不会信赖政策承诺；反之，如果式（10.7）所示的违约收益小于式（10.9）所示的违约成本，政策制定者会选择遵守政策承诺。因此，均衡的政策承诺通货膨胀率将使违约成本和违约收益恰好相等：

$$\pi = \left(\frac{b}{a}\right)\left(\frac{1-q}{1+q}\right) \tag{10.10}$$

式（10.10）表明，在政策制定者存在违背政策承诺动机的情况下，政策承

诺的通货膨胀率将大于零值，此时政策制定者恰好不会违背其政策承诺，具有理性预期的经济主体也将信赖这一政策承诺。该情况的通货膨胀成本大于零通货膨胀承诺下的通货膨胀成本，但小于相机抉择货币政策的通货膨胀成本，因此结论仍然是规则的货币政策要优于相机抉择的货币政策。更重要的是，以上分析过程表明了政策承诺或规则的货币政策能够取得更优的政策效果的关键因素是经济主体对这些承诺和规则的信赖程度，这明确指向了预期管理概念。除理论分析所讨论的目标通货膨胀率的影响外，在现实中存在更多复杂因素能够影响经济主体对承诺和规则的信任，例如央行的声誉、违约惩罚机制和管理机制、信息沟通和透明度等。

基于经济学理论分析和政策实践经验，自 20 世纪 90 年代以来，世界上越来越多的经济体陆续在现实中推行通货膨胀目标制度。1990 年，新西兰成为世界上首个实施通货膨胀目标制度的国家，该国以政策文件的形式明确将通货膨胀目标范围设定在 0 ~ 2%，并承诺中央银行将采取适当政策以尽可能实现这一目标。此后，英国在 1992 年宣布实施通货膨胀目标制，并将初始通货膨胀目标设定在 1% ~ 4%；1998 年欧洲央行成立，尽管其最初并未明确采用通货膨胀目标制，但其宣布自身职责为维持欧元区物价稳定，并将物价稳定明确定义为通货膨胀率低于 2%；2012 年，美国宣布将把长期通货膨胀目标设置为 2%。此外，加拿大、瑞典和澳大利亚等发达国家，以及巴西、南非和智利等发展中国家也相继采取通货膨胀目标制度。

央行实施通货膨胀目标制度的目的和主要作用途径是使经济主体的通货膨胀预期形成锚定，从而规避货币政策的动态不一致问题，并有效降低通货膨胀和平缓经济波动。经济主体依据可用的信息，结合对未来经济状况和政策取向的判断，形成通货膨胀预期。当经济主体具有理性预期时，即使央行未公布通货膨胀目标，经济主体的通货膨胀预期也会与潜在通货膨胀目标一致，并且不存在分歧。然而，现实中经济主体的预期面临信息摩擦和有限理性因素，不同的经济主体对未来经济状况和政策取向形成不同判断，导致通货膨胀预期的分歧和有偏，进而引发预期推动型的通货膨胀和经济波动。对此，央行明确宣布的通货膨胀目标，将使经济主体的通货膨胀预期有所锚定，从而有效降低通货膨胀预期的分歧和偏差。研究表明，专业预测者的通货膨胀预期显著锚定了央行宣布的通货膨胀目标（Binder et al.，2023），并且经济主体的通货膨胀锚定能够显著降低经济波动并减少冲击的持续性（Bems et al.，2021）

尽管通货膨胀目标制在实践中显示出其优越性，但也存在一些局限性。首先，它对经济体的货币政策治理能力提出了较高要求。为落实通货膨胀目标制，经济体必须具备货币政策的自主性，同时需要提高货币政策的透明度，确保能够通过信息沟通渠道向市场公众准确传达政策意图；此外，通货膨胀目标制还要求货币政策具备充分的可信性和一致性，若长期无法实现通货膨胀目标，将会失去其锚定作用。其次，通货膨胀目标制可能导致货币政策忽视了对产出等实际变量的调节，而过度局限于对通货膨胀的控制。当前，世界主要经济体的货币政策目标均同时兼顾充分就业和物价稳定，然而菲利普斯曲线已经揭示了这二者之间的权衡关系。央行若一味追求实现通货膨胀目标，则不可避免地减弱对就业和产出的调节。最后，为了实现严格的通货膨胀目标，央行可能需要进行更频繁的货币政策操作。由于政策效应的时滞性和政策传导的复杂性，这将导致宏观经济的波动。综上所述，如何有效推动经济主体的预期锚定，仍是现代预期管理所需考虑的重要内容。

10.1.3　新凯恩斯主义与市场摩擦

理性预期学派所强调的预期和微观基础的重要性被后续的宏观经济研究广泛认可。在此基础上，大量的研究关注导致市场不完备的摩擦，形成了新凯恩斯主义宏观经济学，并为预期管理理论带来了新的发展。一方面，Fischer（1977）、Taylor（1980）和 Calvo（1983）等研究强调了由于长期合同和菜单成本等原因，经济中存在价格粘性，因此即使经济主体具有理性预期，价格粘性仍然限制了他们立刻调整自身决策，从而经济主体预料中的政策仍然是有效的。另一方面，理性预期理论一经提出便被广泛质疑其与现实相距甚远，大量基于现实数据的实证研究都表明经济主体预期形成机制不符合理性预期（Nordhaus，1987），因此后续大量研究强调经济主体预期形成机制中的信息摩擦等非理性预期特征（Mankiw and Reis，2002）。这两方面的研究都为预期管理理论和实践提供了新的启示，经济中价格摩擦的存在意味着即使被经济主体预料到的政策仍然是有效的，这否定了理性预期学派的"政策无效论"，也表明政策想要取得实际效果并非必须出其不意或欺骗公众。

经济主体预期形成机制中具有的众多非理性预期特征进一步强调了政策传导中预期的重要性，Blinder 等（1998）、Amato 和 Gerlach（2002）指出，中央银行通常只控制隔夜利率，这一利率实际上与涉及经济利益的交易无关。货币政策只有在影响真正重要的金融市场价格，比如长期利率、股票市值和汇率时，才会对宏观经济产生重要影响。然而，中央银行所能控制的隔夜利率与价格之间的联系几乎全部取决于经济主体的预期。这表明经济主体的预期在政策传导中发挥着决定性的作用，正是由于经济主体的预期并非是理性预期，而是具有多种复杂特征，政策制定者才更需要有效引导公众预期，帮助公众明确政策意图，以推动由政策的操作目标到中介目标再到最终目标的传导顺畅进行，保证政策效果。基于以上两方面原因，新凯恩斯主义宏观经济学的理论研究推动了各国中央银行进一步调整"隐瞒意图"的施政策略，转向加强信息沟通和前瞻性指引，帮助公众形成一致预期和理解政策意图。

21 世纪以来，由于传统宏观经济政策面临政策空间不断下降的限制，预期管理作为一种新型政策工具，可以突破政策空间限制，具有更小的政策成本，能够弥补传统政策工具有效性的下降，在宏观经济调控中发挥着越来越重要的作用。Rachel 和 Smith（2015）指出，1980 年以来，全球发达经济体的实际利率已不断下降了 450 个基点。有多种原因可能导致长期的实际利率下降，包括通货膨胀目标制的推行导致经济主体通货膨胀预期的下降（Rachel and Smith，2015）、发达经济体的人口老龄化及储蓄和投资模式转变、全球经济增长放缓（Rachel and Smith，2015；Bernanke，2005，2017）。实际利率的长期下降趋势引起了政策制定者和学界的广泛担忧，因为这意味着以利率为工具的货币政策空间不断缩小，货币政策将更容易受到零利率下限的约束，严重影响宏观经济调控效果。

一个更关键的转折点是 2008 年全球金融危机，这场危机使得美国等主要发达经济体相继将短期利率降至零利率下限。以利率为操作目标的传统货币政策表现出严重的失效，为此各国中央银行转向量化宽松和前瞻性引导等新型货币政策工具，后者即属于预期管理的重要方式。前瞻性引导是指中央银行通过信息沟通的方式，向市场经济主体明确自己在未来将采取的政策方向，以引导经济主体形成与政策方向一致的预期，从而实现对宏观经济的调控。前瞻性引导的早期实践者是日本中央银行，为应对经济的持续下行，日本中央银行在 1999 年将利率下调为零利率。鉴于利率已经下降到下限，市场经济主体自然会形成未来利率将要上升的预期，而这不利于经济在衰退中恢复，在此情况下为继续保持对经济的扩张性刺激，日本中央银行宣布将在通缩压力消失前维持零利率政策，从而压低经济主体对长期利率的预期，增强经济活力。

在 2008 年全球金融危机期间，美国等发达经济体的央行采取前瞻性引导的预期管理方式，以在短期利率下降到零利率水平后继续保持对经济的扩张性调控。以美国为例，为打消经济主体对于加息政策或利率上涨的预期，以及由此产生的不利于经济增长的保守行为，联邦公开市场委员会先后宣布将维持零利率政策至"2013 年年中""2014 年年底"和"2015 年年中"，从而在短期利率到达下限后继续保持扩张性的宏观经济调控。在零利率期间，前瞻性引导对于促进经济增长和恢复表现出了显著效果（Bernanke，2017；2020），这显示预期管理作为新型宏观经济调控方式的重要作用和光明前景。

10.2　中国式预期管理

10.2.1　中国预期管理机制的创新

中国是一个重视预期管理的大国。在新中国成立初期，我国实行计划经济体制，对经济的计划实际上就包含了重要的预期管理成分和作用，在此期间，我国提出了"五年计划"这一中国特色的国民经济计划方式。五年计划通过明确未来五年的经济和社会发展目标，能够有效地塑造和稳定社会公众的一致预期。改革开放以来，我国推行社会主义市场经济体制。随着改革的深入和经济的发展，我国在保持五年规划等优秀预期管理经验的同时，立足国情，结合对国际预期管理理论和机制的借鉴，逐渐探索出一系列具有中国特色的预期管理机制。

与世界其他经济体的预期管理模式相比，中国的预期管理具有目标维度多、体系完整、管理时间长的特点。首先，中国宏观调控目标的多维决定了预期管理的多维。相比于发达经济体集中于经济和金融稳定的预期管理目标，中国经济面临稳定、发展和改革等多重目标。因此，中国的预期管理机制具有更多的目标和更广的范围。其次，与其他发达经济体主要是由中央银行来进行预期管理有较大不同，在中国，有更多的机构和部门参与到预期管理中，国家发展和改革委员会、中国人民银行、财政部等具有宏观经济调控职能的部门在预期管理实践中相互协同，各司其职，共同完成多维目标。最后，中国的预期管理时间范围涵盖短期、中期和长期，调控范围从宏观经济指标到经济结构和科技创新等国民经济发展的各个领域。发达经济体以中央银行的前瞻性指引为主的预期管理机制的调控范围主要集中于短期的通货膨胀率和经济增长率等指标，与此相比，中国的预期管理不仅包括短期管理，还有中期的五年规划和长期的发展目标，如2021年提出的《中华人民共和国国民经济和社会发展第十四个五年规划和2035年远景目标纲要》，这些规划涵盖未来产业结构、科技创新、生态保护等各个重点领域，能够发挥塑造公众一致预期，引导资源流动的作用。

（1）五年规划

五年规划，是中国特色的国家计划方式。自1953年以来，中国坚持以五年为周期制定的国民经济与社会发展规划，除1963年至1965年的国民经济调整时期外从未中断。由计划经济时期对生产建设的直接指导，到市场经济时期对国家宏观经济和社会发展构建框架，中国的五年规划立足本国国情，与时俱进，对于塑造社会公众一致和稳定的预期，引导资源自发流向国民经济建设的重点领域，发挥了不可替代的作用。

五年计划在改革开放之前主要是对国家实物量的生产作出规划和安排，将总量指标层次向下分配，通过对微观层面的工厂、合作社的产量进行计划，从而实现国家经济的发展。1949 年新中国成立后，在完成国民经济恢复工作的基础上，从 1951 年春天开始着手第一个五年计划的编制，1953～1957 年实施中国的第一个五年计划，到改革开放，中国已经先后完成了五个五年计划的编制和实施（表10.1）。"一五"计划至"五五"计划作为"五年规划"初步创立时期的五个五年计划，均处在计划经济体制时期。这一时期五年计划的指标主要是粮食和钢铁等工农业建设的实物量产品，计划的核心是对工农业的投资和生产做出安排。国家正是通过这些指标对工农业的生产进行有计划的安排，这些指标制定完成之后，就成为中央的计划指令，层层下达、逐级分解，最终成为每个企业的具体生产指标。与此同时，五年计划也有教育、科技等指标和内容，特别是还制定了《1956—1967 年科学技术发展远景规划》，促进了中国科技的重点突破。通过这个阶段的发展，我国拥有了独立的工业体系、国民经济有了较为深厚的基础，为我国开启改革开放的崭新历史时期提供了一定的物质积累。

表 10.1　一五至五五计划概览

时间	规划简称	核心目标
1953～1957 年	一五计划	以苏联帮我国设计的 156 个项目为中心，集中力量开展工业建设，以及农业、手工业及私有工商业社会主义改造
1958～1962 年	二五计划	以冶金和机械工业为重点，在若干重要产品和产量方面"赶英超美"
1966～1970 年	三五计划	积极备战备荒，把国防建设放在第一位，做好"三线"建设，重工业为主，吃穿用兼顾
1971～1975 年	四五计划	继续备战和进行"三线"建设，以军工业发展带动整个国家工业化
1976～1980 年	五五计划	提升石油产量，新建和续建 120 个大型项目，建立比较完善的工业体系和国民经济体系

改革开放之后，中国的经济体制由计划经济向社会主义市场经济转型，五年计划并没有在经济转型过程中被抛弃，而是经历逐步改革并适应经济体制的转变，由指令性计划转变为对国家经济和社会重点发展领域与发展目标的框架性规划。随着我国社会主义市场经济体制的建立，市场和经济主体行为在经济与社会发展中的作用逐渐显现，五年计划（规划）也更加突出对市场经济主体的引导

作用。"十五"计划明确规定所编制的纲要是"战略性、宏观性、政策性的规划","主要阐述国家战略意图，明确政府工作重点，引导市场主体行为方向"。"十一五"规划、"十二五"规划将五年规划的定位进一步表述为："主要阐明国家战略意图，明确政府工作重点，引导市场主体行为方向，是政府履行经济调节、市场监管、社会管理和公共服务职责的重要依据。"这实际上点明了五年计划（规划）构建宏观发展框架，引导市场经济主体行为的作用。

五年规划通过明确未来五年或更长时期的国民经济和社会发展的重点方向和目标，可以为经济主体在中期塑造一致预期，降低经济主体面临的不确定性，引导资源自发流向重要领域。中国的五年规划之所以能够起到良好的预期管理作用，与以下三个原因密不可分：第一，五年规划是基于中国国情和国际大环境，广泛征求社会各界意见形成的合理规划。规划本身既体现了理性经济主体基于当前情况对未来发展的预期，也体现了理性经济主体对未来发展方向和重点的选择，因此，五年规划的提出能够塑造更广泛社会公众的稳定预期。第二，五年规划降低了公众收集信息和做出预期的成本，从而缩小了公众预期和政策目标的差距，也减少了不同经济主体间信息和预期的分歧。一方面，信息是有成本的，受成本收益权衡的限制，经济主体会选择忽略部分信息，这使其预期准确性下降并产生滞后；另一方面，现实中经济主体并非具有理性预期，而是具有异质性的非理性预期形成机制，这加剧了公众预期的分歧和波动，不利于经济的平稳运行。五年规划通过详细解读未来政策取向和国家发展方向的方式，降低了广泛经济主体的信息成本，帮助其形成对中期未来的一致预期。第三，无论是在理性预期还是在粘性信息等复杂预期形成机制下，过去的信息都是经济主体形成预期的重要参考。新中国成立以来，中国的五年规划（计划）总能够成功实现，这凸显了五年规划（计划）制定过程中预期和目标选择的合理性，增强了经济主体对五年规划（计划）这一规划形式的认可和信赖，进一步地使五年规划能够更好地塑造和引导市场经济主体预期。

（2）年度预期管理机制

中国另一个创新的预期管理机制是以年度经济增长目标为代表的短期预期管理机制。自 1990 年起，中国政府开始在每年年初的政府工作报告上提出当年的国内生产总值增长目标，1994 年及之前称之为"计划增长目标"，1999 年及之后称之为"预期增长目标"，并且逐渐将预期增长目标范围由单一的国内生产总值增长率扩充至城镇新增就业、城镇调查失业率、居民消费价格指数涨幅等多种宏观经济变量；各级地方政府也在其政府工作报告中给出地区生产总值的增长目标。年度经济增长预期目标既体现了政府对当年经济发展的预期，也体现了政府对当年经济发展的目标设置。就前者而言，Chang 等（2015）认为中国政府的年度经济增长目标在一定程度上反映了经济的潜在产出水平；就后者而言，由历年政府工作报告的措辞可以看出，中国政府希望通过宏观调控等多种措施实现年度经济增长预期目标。

图 10.1 显示了 1990～2022 年中国经济增长预期目标和经济增长率的实现值。由图像可以看出，中国经济增长率的历年实现值几乎都在年初提出的经济增长预期目标之上，这体现出年度经济增长预期目标的现实性和重要参考意义。中国以年度经济增长预期目标为主的年度预期管理机制，能够使市场经济主体对国内生产总值等重要宏观经济变量的年度增长率产生锚定，当经济增长不及预期时，市场经济主体将相信政府会采取多种宏观调控措施支持经济增长，从而保持积极的市场信心；当经济增长远超预期时，市场经济主体能够预期政府会采取紧缩性手段调整过剩需求，从而降低经济的通货膨胀水平。通过这一过程，中国以年度经济增长预期目标为主的短期预期管理机制，能够有效引导市场经济主体对经济发展动态形成一致预期，支持宏观经济平稳运行。

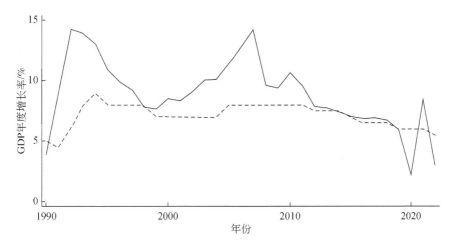

图 10.1　1990～2022 年中国经济增长预期目标和经济增长实现值

注：实线表示中国国内生产总值年度增长率的实现值，虚线表示年初提出的经济增长预期目标，2020 年的经济增长目标为缺失值

10.2.2　发展中国特色预期管理机制

随着经济发展水平的提高和宏观经济体系的复杂变化，传统宏观经济调控政策逐渐显现出政策效果和政策空间的局限性，预期管理机制能够作为新型宏观经

济调控手段对此形成补充（李拉亚，2011b，2020；李成等，2011；马文涛，2017），因此发展中国特色预期管理机制对于完善中国宏观经济治理体系的意义日益显著。本书已阐述了经济主体预期对宏观经济的全面影响，并着重探讨了经济主体在预期形成过程中不完全信息特征在政策传导中的作用。这些分析突出了两方面的政策含义：

一方面，经济主体预期形成过程中的不完全信息特征对政策传导具有系统性影响。不完全信息的状态依存性有助于解释货币政策效应的时变性，更强调了中国坚持稳健的货币政策和强化宏观政策逆周期调节的重要性。在经济运行良好时期，经济主体的信息粘性上升，导致货币政策对产出的影响被放大，一个微小的货币政策冲击可能在此时导致较大的产出变化。因此，需要坚持稳健的货币政策以防止经济剧烈波动。而在经济下行或面临巨大冲击时，经济主体的信息粘性下降，导致货币政策有效性降低，这也进一步强调了强化宏观政策逆周期调节的必要性。此外，鉴于不完全信息特征对政策效应的重要影响，宏观调控部门可以考虑将其纳入政策治理框架，在制定政策时充分考虑信息粘性的影响，以便有效预判政策传导效应。

理解经济主体预期对宏观经济的全面影响，还能为央行发展预期管理机制提供参考。新发展阶段下，中国货币政策调控面临着多重政策目标，根据丁伯根法则，政策数量需大于等于政策目标数量。因此，发展预期管理成为创新货币政策工具的重要途径，将有效应对宏观调控多重目标的难题。预期管理的一个难点在于经济主体的预期是一个主观且抽象的概念，难以直接被量化和调控。本书第8章和第9章的分析表明，经济主体预期形成过程中的信息粘性特征可以成为预期管理的一个中介目标。中介目标需要具备相关性、可测性和可调控性。在相关性方面，信息粘性直接体现在经济主体的预期形成过程中，并且本书已从理论和实证角度表明信息粘性对中国货币政策效应存在系统性影响；在可测性方面，对信息粘性的量化相对直观，本书展示了一种通过经济主体预测更新频率量化信息粘性序列的方式；在可调控性方面，货币政策当局可以通过信息沟通渠道直接影响经济主体的信息粘性。因此，信息粘性可成为预期管理的中介目标，与传统政策工具协调配合。此外，发展前瞻性指引等货币政策预期管理机制，还能够直接以较低的政策成本应对传统政策的有效性降低问题。就政策空间而言，中国虽没有面临发达国家所遭遇过的货币政策零利率下限问题，但是依然面临着货币政策的利率约束和财政政策的财政约束。而预期管理以信息沟通作为主要调控方式，具有不受政策空间约束、政策成本低的优势，能够有效帮助克服宏观经济政策空间约束。

另一方面，当前中国区域间、城乡间、产业间发展存在差异，宏观政策的精准实施面临较大难度和高昂成本，而以信息沟通为主要手段的预期管理可以更有效地对不同市场进行调控。中国货币政策的目标是保持币值稳定并以此促进经济发展，面对同样的货币政策，不同区域和产业反映的敏感程度、强度、周期存在差异：经济发展水平高、金融市场完善的区域往往对货币政策响应更为显著。这不仅可能进一步加剧区域经济发展的不平衡，还会影响货币政策的整体执行效果（Beraja et al.，2019）。财政政策在不同区域间面临提振经济增长、推动科技创新、发展民营经济、巩固脱贫攻坚等不同目标，这需要相应运用税收、政府债券、财政支出等不同类型的政策工具。然而，政策的精准实施通常面临制定难度大、实施成本高和效果不确定性高等挑战。面对差异化市场和有限政策工具，需要完善不同领域政策与市场间沟通渠道，而预期管理主要依托信息的定向传递和有效沟通，不但具有政策成本低的优势，还能通过影响市场主体的经济预期，定向调控不同市场，从而增强传统货币和财政政策的有效性，实现拓展宏观政策空间的效果。

最后，中国与世界经济互动模式正迅速改变，中国与国际的双向政策溢出效应日益显著。作为全球第二大经济体、最大的商品出口国、主要投资接受国和资金输出国，中国在全球产业链中的重要地位使其经济波动对全球经济产生显著影响。一方面，随着人民币国际化进程加速，中国政策溢出效应越发明显；另一方面，国际经济波动和他国经济政策也会通过多种渠道影响中国经济。加速演进的国际形势和国内外经济互动模式为宏观经济政策调控加入了新的风险点和不确定性，使得政策溢出的信息渠道重要性不断提升。由于不同市场的经济主体接收和使用信息、形成预期并进行经济决策的行为存在差异，厘清政策信号的跨国影响对积极参与全球治理和抵御外来风险具有重要意义。为此，需要深化预期管理机制，有效管理他国（中国）政策信号对中国（他国）市场预期形成的影响。

10.3　本章小结

本章首先梳理了全球预期管理理论和实践的发展脉络，进一步介绍了中国以五年规划和年度预期管理机制为代表的创新预期管理机制，并在此基础上探讨深入发展中国特色预期管理机制的重要意义。随着经济学对预期及其经济影响的认识的深入，预期管理的理论得到发展。理性预期理论指出了预期和宏观经济政策的相互作用，使之成为现代预期管理理论的萌芽。对理性预期理论衍生出的动态不一致性问题的探讨，点明了规则性宏观经济政策相比于相机抉择政策所具有的优势，并推动了相应施政策略在全球的流行；而粘性信息等更复杂预期形成机制理论的提出，则否定了理性预期的"政策无效论"，进一步强调了政策传导中预期渠道的重要性。在实践层面，随着主要发达国家相继面临货币政策零利率下限问题，前瞻性指引等预期管理机制表现出优秀的政策效果，在宏观经济调控中的重要性日益提升。中国是一个重视预期管理的大国，改革开放以来，中国立足国情、与时俱进，形成了以五年规划和年度预期管理为代表的特色预期管理机制。预期管理作为一种政策成本更低的新型宏观经济调控手段，将有利于中国应对传统宏观经济政策有效性下降和有限政策空间问题，形成对宏观经济调控体系的重要补充，因此深入发展预期管理机制将具有广阔前景。

参 考 文 献

陈小亮, 陈伟泽, 陈彦斌. 2023. 全要素生产率对货币政策有效性的影响研究——理论机制与数值模拟 [J]. 数量经济技术经济研究, 40 (4): 203-224.

陈小亮, 王兆瑞, 郭俊杰. 2021. 老龄化是否削弱了中国货币政策的 "稳增长" 效果? [J]. 经济学动态, (5): 79-96.

郭豫媚, 陈伟泽, 陈彦斌. 2016. 中国货币政策有效性下降与预期管理研究 [J]. 经济研究, 51 (1): 28-41.

洪智武, 牛霖琳. 2020. 中国通货膨胀预期及其影响因素分析——基于混频无套利 Nelson-Siegel 利率期限结构扩展模型 [J]. 金融研究, (12): 95-113.

黄正新, 黄金波. 2014. 中国通货膨胀预期陷阱研究 [J]. 经济研究, 49 (11): 31-42, 129.

凯恩斯. 2019. 就业利息和货币通论 [M] 北京: 商务印书馆.

康立, 龚六堂. 2014. 金融摩擦、银行净资产与国际经济危机传导——基于多部门 DSGE 模型分析 [J]. 经济研究, 49 (5): 147-159.

黎文靖, 郑曼妮. 2016. 通货膨胀预期、企业成长性与企业投资 [J]. 统计研究, 33 (5): 34-42.

李成, 马文涛, 王彬. 2011. 学习效应、通货膨胀目标变动与通货膨胀预期形成 [J]. 经济研究, 46 (10): 39-53.

李拉亚. 2011a. 理性疏忽、粘性信息和粘性预期理论评介 [J]. 经济学动态, (2): 117-124.

李拉亚. 2011b. 预期管理理论模式述评 [J]. 经济学动态, (7): 113-119.

李拉亚. 2020. 双支柱调控框架的新目标制研究 [J]. 管理世界, 36 (10): 27-41.

李向阳. 2018. 动态随机一般均衡 (DSGE) 模型: 理论、方法和 Dynare 实践 [M] 北京: 清华大学出版社.

刘金全, 解瑶姝. 2016. "新常态" 时期货币政策时变反应特征与调控模式选择 [J]. 金融研究, (9): 1-17.

马文涛. 2017. 预期形成机制的选择、宏观政策搭配与通货膨胀预期管理 [J]. 财经研究, 43 (4): 4-16, 145.

马歇尔. 2019. 经济学原理 [M] 北京: 商务印书馆.

饶品贵, 岳衡, 姜国华. 2016. 通货膨胀预期与企业存货调整行为 [J]. 经济学 (季刊), 15 (2): 499-526.

饶品贵, 张会丽. 2015. 通货膨胀预期与企业现金持有行为 [J]. 金融研究, (1): 101-116.

苏治, 刘程程, 位雪丽. 2019. 经济不确定性是否会弱化中国货币政策有效性 [J]. 世界经济, 42 (10): 49-72.

孙坚强, 赵允宁, 蔡玉梅. 2019. 公司盈余信息、适应性学习与通货膨胀预期. 经济研究 [J],
　54: 136-151.

王曦, 汪玲, 彭玉磊, 等. 2017. 中国货币政策规则的比较分析——基于 DSGE 模型的三规则
　视角 [J]. 经济研究, 52 (9): 24-38.

吴振宇, 杨光普. 2017. 宏观调控预期管理: 现状, 问题和政策建议 [J]. 国家治理, (13):
　41-48.

希克斯. 2020. 价值与资本: 对经济理论某些基本原理的探讨 [M] 北京: 商务印书馆.

肖争艳, 姚一旻, 唐诗磊. 2011. 我国通货膨胀预期的微观基础研究 [J]. 统计研究, 28
　(03): 8-14.

徐亚平. 2006. 货币政策有效性与货币政策透明制度的兴起 [J]. 经济研究, (8): 24-34.

张成思, 芦哲. 2014. 媒体舆论、公众预期与通货膨胀 [J]. 金融研究, (1): 29-43.

张成思, 芦哲. 2016. 不对称的螺旋: 媒体情绪与通货膨胀预期传染 [J]. 财贸经济, (6):
　51-66.

张成思, 田涵晖. 2020. 结构性通货膨胀与通货膨胀预期形成机制 [J]. 经济研究, 55 (12):
　148-167.

钟春平, 田敏. 2015. 预期、有偏性预期及其形成机制: 宏观经济学的进展与争议 [J]. 经济
　研究, 50 (5): 162-177.

Aastveit K A, Natvik G J, Sola S. 2017. Economic uncertainty and the influence of monetary policy
　[J]. Journal of International Money and Finance, 76: 50-67.

Aiyagari S R, Christiano L J, Eichenbaum M. 1992. The output, employment, and interest rate
　effects of government consumption [J]. Journal of Monetary Economics, 30 (1): 73-86.

Alpanda S, Zubairy S. 2019. Household debt overhang and transmission of monetary policy [J].
　Journal of Money, Credit and Banking, 51 (5): 1265-1307.

Amato J D, Gerlach S. 2002. Inflation targeting in emerging market and transition economies: Lessons
　after a decade [J]. European Economic Review, 46 (4-5): 781-790.

An Z D, Abo-Zaid S, Sheng X G. 2023. Inattention and the impact of monetary policy [J]. Journal
　of Applied Econometrics, 38 (4): 623-643.

An Z D, Liu D Q, Wu Y Z. 2021. Expectation formation following pandemic events [J]. Economics
　Letters, 200: 109739.

An Z D, Zheng X G. 2023. Diligent forecasters can make accurate predictions despite disagreeing with
　the consensus [J]. Economic Modelling, 125: 106372.

Andrade P, Le Bihan H. 2013. Inattentive professional forecasters [J]. Journal of Monetary
　Economics, 60 (8): 967-982.

Augenblick N, Lazarus E. 2023. A new test of excess movement in asset prices [J/OL]. https: //
　ebenlazaras. github. io/ExcessMovement. pdf [2023-07-31].

Ball L. 1994. Credible disinflation with staggered price-setting [J]. American Economic Review, 84
　(1): 282-289.

Banternghansa C, McCracken M W. 2009. Forecast disagreement among FOMC members [R/OL].

https：//s3. amazonaws. com/real. stlouisfed. org/wp/2009/2009-059. pdf ［2020-07-06］.

Barro R J, Gordon D B. 1983. Rules, discretion and reputation in a model of monetary policy ［J］. Journal of Monetary Economics, 12 (1): 101-121.

Bems R, Caselli F, Grigoli F, et al. 2021. Expectations' anchoring and inflation persistence ［J］. Journal of International Economics, 132: 103516.

Beraja M, Fuster A, Hurst E, et al. 2017. Regional heterogeneity and monetary policy ［J］. Quarterly Journal of Economics, 134 (1): 109-183.

Bernanke B S. 2005. The logic of monetary policy ［J］. Vital Speeches of the Day, 71 (6): 165.

Bernanke B S. 2017. Monetary policy in a new era ［A］. https://www. xiaokudang. com/docs/view/ a48ffde516ec44399a62200f1205a0a4. html ［2020-07-06］.

Bernanke B S. 2020. The new tools of monetary policy ［J］. American Economic Review, 110 (4): 943-983.

Binder C, Janson W, Verbrugge R. 2023. Out of bounds: Do SPF respondents have anchored inflation expectations? ［J］. Journal of Money, Credit and Banking, 55 (2-3): 559-576.

Blinder A, Canetti E R, Lebow D E, et al. 1998. Asking about Prices: A New Approach to Understanding Price Stickiness ［M］. New York: Russell Sage Foundation.

Boivin J, Giannoni M P. 2006. Has monetary policy become more effective?　　［J］. Review of Economics and Statistics, 88 (3): 445-462.

Boivin J, Kiley M T, Mishkin F S. 2010. How has the monetary transmission mechanism evolved over time? ［J］. Handbook of Monetary Economics, (1): 369-422.

Bordalo P, Gennaioli N, Ma Y, et al. 2020. Overreaction in macroeconomic expectations ［J］. American Economic Review, 110 (9): 2748-2782.

Bordalo P, Gennaioli N, Porta R L, et al. 2019. Diagnostic expectations and stock returns ［J］. Journal of Finance, 74 (6): 2839-2874.

Bordalo P, Gennaioli N, Shleifer A. 2018. Diagnostic expectations and credit cycles ［J］. Journal of Finance, 73 (1): 199-227.

Bouchaud J P, Krueger P, Landier A, et al. 2019. Sticky expectations and the profitability anomaly ［J］. Journal of Finance, 74 (2): 639-674.

Cagan P. 1956. The monetary dynamics of hyperinflation ［A］//Friedman Milton. Studies in the Quantity Theory of Money. Chicago: University of Chicago Press.

Caggiano G, Castelnuovo E, Groshenny N. 2014. Uncertainty shocks and unemployment dynamics in US recessions ［J］. Journal of Monetary Economics, 67: 78-92.

Calvo G A. 1983. Staggered prices in a utility-maximizing framework ［J］. Journal of Monetary Economics, 12 (3): 383-398.

Chang C, Liu Z, Spiegel M M. 2015. Capital controls and optimal Chinese monetary policy ［J］. Journal of Monetary Economics, 74: 1-15.

Chen K, Ren J, Zha T. 2018. The nexus of monetary policy and shadow banking in China ［J］. American Economic Review, 108 (12): 3891-3936.

Christiano L J, Eichenbaum M. 1992. Current real-business-cycle theories and aggregate labor-market fluctuations [J]. American Economic Review, 82 (3): 430-450.

Christiano L J, Eichenbaum M. 1992. Liquidity effects, monetary policy, and the business cycle. Journal of Money Credit and Banking, 27 (4): 1113-1136.

Clements M P. 2022. Forecaster efficiency, accuracy, and disagreement: Evidence using individual level survey data [J]. Journal of Money, Credit and Banking, 54 (2-3): 537-568.

Coibion O, Gorodnichenko Y, Kumar S. 2018. How do firms form their expectations? New survey evidence [J]. American Economic Review, 108 (9): 2671-2713.

Coibion O, Gorodnichenko Y, Ropele T. 2020. Inflation expectations and firm decisions: New causal evidence [J]. Quarterly Journal of Economics, 135 (1): 165-219.

Coibion O, Gorodnichenko Y. 2015. Information rigidity and the expectations formation process: A simple framework and new facts [J]. American Economic Review, 105 (8): 2644-2678.

Dovern J, Fritsche U, Slacalek J. 2012. Disagreement among forecasters in G7 countries [J]. Review of Economics and Statistics, 94 (4): 1081-1096.

Dovern J. 2015. A multivariate analysis of forecast disagreement: Confronting models of disagreement with survey data [J]. European Economic Review, 80: 16-35.

Dräger L, Nghiem G. 2021. Are consumers' spending decisions in line with a Euler equation? [J]. Review of Economics and Statistics, 103 (3): 580-596.

D'Acunto F, Hoang D, Weber M. 2016. The effect of unconventional fiscal policy on consumption expenditure [J/OL]. https://www.econstor.eu/bitstream/10419/146990/1/869652079.pdf [2020-12-30].

D'Arienzo D. 2020. Maturity increasing overreaction and bond market puzzles [J/OL]. http://arxiv.org/pdf/2109.09871v4.pdf [2022-07-09].

Eggertsson G B. 2008. Great expectations and the end of the depression [J]. American Economic Review, 98 (4): 1476-1516.

Fischer S. 1977. Long-term contracts, rational expectations, and the optimal money supply rule [J]. Journal of Political Economy, 85 (1): 191-205.

Fischer S. 1980. Dynamic inconsistency, cooperation and the benevolent dissembling government [J]. Journal of Economic Dynamics and Control, (2): 93-107.

Friedman M. 1968. The role of monetary policy [J]. American Economic Review, 58 (1): 1-17.

Gabaix X. 2020. A behavioral New Keynesian model [J]. American Economic Review, 110 (8): 2271-2327.

Gali J, Gertler M. 1999. Inflation dynamics: A structural econometric analysis [J]. Journal of Monetary Economics, 44 (2): 195-222.

Gennaioli N, Shleifer A, Vishny R W. 2010. Financial innovation and financial fragility [J]. https://www2.nber.org/confer/2010/Risks10/Gennaioli_Shleifer_Vishny.pdf [2022-07-10].

Giacomini R, Skreta V, Turen J. 2020. Heterogeneity, inattention, and bayesian updates [J]. American Economic Journal: Macroeconomics, 12 (1): 282-309.

Giglio S, Kelly B. 2018. Excess volatility: Beyond discount rates [J]. Quarterly Journal of Economics, 133 (1): 71-127.

Ichiue H, Nishiguchi S. 2015. Inflation expectations and consumer spending at the zero bound: Micro evidence [J]. Economic Inquiry, 53 (2): 1086-1107.

Jordà Ò. 2005. Estimation and inference of impulse responses by local projections [J]. American Economic Review, 95 (1): 161-182.

Kydland F E, Prescott E C. 1977. Rules rather than discretion: The inconsistency of optimal plans [J]. Journal of Political Economy, 85 (3): 473-491.

Kydland F E, Prescott E C. 1982. Time to build and aggregate fluctuations [J]. Econometrica, 50 (6): 1345-1370.

Long J, Plosser C. 1983. Real business cycles [J]. Journal of Political Economy, (91): 39-69.

Lovell M C. 1986. Tests of the rational expectations hypothesis [J]. American Economic Review, 76 (1): 110-124.

Lucas Jr R E. 1972. Expectations and the Neutrality of Money [J]. Journal of Economic Theory, 4 (2): 103-124.

Lucas Jr R E. 1976. Econometric policy evaluation: A critique [J]. Carnegie-Rochester Conference Series on Public Policy, (1): 19-46.

Mankiw G N, Reis R. 2002. Sticky information versus sticky prices: A proposal to replace the new Keynesian Phillips curve [J]. Quarterly Journal of Economics, 117: 1295-1328.

Mankiw N G, Reis R, Wolfers J. 2003. Disagreement about inflation expectations [J]. NBER Macroeconomics Annual, 18: 209-248.

Mankiw N G. 1985. Small menu costs and large business cycles: A macroeconomic model of monopoly [J]. Quarterly Journal of Economics, 100 (2): 529-538.

Mankiw N G. 2001. The inexorable and mysterious tradeoff between inflation and unemployment [J]. Economic Journal, 111 (471): 45-61.

Marshall A. 2009. Principles of Economics [M]. New York: Cosimo, Inc.

Mccallum B T. 1998. Stickiness: A comment [C]. Carnegie-Rochester Conference Series on Public Policy: 357-363.

Morris S, Shin H S. 2008. Coordinating expectations in monetary policy [A] //Org Z. Central Banks as Economic Institutions. Massachusetts: Edward Elgar Publishing.

Muth J F. 1961. Rational expectations and the theory of price movements [J]. Econometrica, 29 (3): 315-335.

Nerlove M. 1958. Adaptive expectations and cobweb phenomena [J]. Quarterly Journal of Economics, 72 (2): 227-240.

Nordhaus W D. 1987. Forecasting efficiency: Concepts and applications [J]. Review of Economics and Statistics, 69 (4): 667-674.

Phelps E S. 1967. Phillips curves, expectations of inflation and optimal unemployment over time [J]. Economica, 34 (135): 254-281.

Phillips A W. 1958. The relation between unemployment and the rate of change of money wage rates in the United Kingdom, 1861-1957 [J]. Economica, 25 (100): 283-299.

Rachel L, Smith T. 2015. Secular drivers of the global real interest rate [J/OL] https://citeseerx.ist.psu.edu/viewdoc/download? doi=10.1.1.739.41&rep=rep1&type=pdf [2020-07-06].

Reis R. 2006a. Inattentive consumers [J]. Journal of monetary Economics, 53 (8): 1761-1800.

Reis R. 2006b. Inattentive producers [J]. Review of Economic Studies, 73 (3): 793-821.

Reis R. 2009. Optimal monetary policy rules in an estimated sticky-information model [J]. American Economic Journal: Macroeconomics, 1 (2): 1-28.

Samuelson P A, Solow R M. 1960. Analytical aspects of anti-inflation policy [J]. American Economic Review, 50 (2): 177-194.

Sargent T J, Wallace N. 1976. Rational expectations and the theory of economic policy [J]. Journal of Monetary Economics, 2 (2): 169-183.

Sims C A. 2003. Implications of rational inattention [J]. Journal of Monetary Economics, 50 (3): 665-690.

Sinclair T M, Stekler H O, Carnow W. 2015. Evaluating a vector of the Fed's forecasts [J]. International Journal of Forecasting, 31 (1): 157-164.

Taylor J B. 1980. Aggregate dynamics and staggered contracts [J]. Journal of Political Economy, 88 (1): 1-23.

Tenreyro S, Thwaites G. 2016. Pushing on a string: US monetary policy is less powerful in recessions [J]. American Economic Journal: Macroeconomics, 8 (4): 43-74.

Woodford M. 2003. Imperfect Common Knowledge [A] //Spagat M. Knowledge, Information, and Expectations in Modern Macroeconomics. Princeton: Princeton University Press.

Zarnowitz V. 1985. Rational expectations and macroeconomic forecasts [J]. Journal of Business & Economic Statistics, 3 (4): 293-311.